Em defesa das mulheres

FUNDAÇÃO EDITORA DA UNESP

Presidente do Conselho Curador
Herman Jacobus Cornelis Voorwald

Diretor-Presidente
José Castilho Marques Neto

Editor-Executivo
Jézio Hernani Bomfim Gutierre

Assessor Editorial
João Luís Ceccantini

Conselho Editorial Acadêmico
Alberto Tsuyoshi Ikeda
Áureo Busetto
Célia Aparecida Ferreira Tolentino
Eda Maria Góes
Elisabete Maniglia
Elisabeth Criscuolo Urbinati
Ildeberto Muniz de Almeida
Maria de Lourdes Ortiz Gandini Baldan
Nilson Ghirardello
Vicente Pleitez

Editores-Assistentes
Anderson Nobara
Fabiana Mioto
Jorge Pereira Filho

Coleção
Pequenos Frascos

Juan Bautista Cubíe

Em defesa das mulheres das calúnias dos homens

Com um catálogo das espanholas que mais se destacaram nas Ciências e Armas

Tradução de
Dafne Melo

Texto integral

LAS MUGERES
VINDICADAS
DE LAS CALUMNIAS DE LOS HOMBRES.

CON UN CATALOGO
de las Españolas, que mas se han distinguido en Ciencias, y Armas.

Por Don Juan Bautista Cubíe, de la Real Bibliotheca de S. M.

EN MADRID:

En la Imprenta de Antonio Perez de Soto. Año MDCCLXVIII.

2012 © da tradução brasileira
Título original: *Las mugeres vindicadas de las calumnias de los hombres*

Direitos de publicação reservados à:
Fundação Editora da Unesp (FEU)
Praça da Sé, 208
01001-900 – São Paulo – SP
Tel.: (0x11) 3242-7171
Fax: (0x11) 3242-7172
www.editoraunesp.com.br
www.livrariaunesp.com.br
feu@editora.unesp.br

CIP – Brasil. Catalogação na fonte
Sindicato Nacional dos Editores de Livros, RJ

C97d

Cubíe, Juan Bautista

Em defesa das mulheres das calúnias dos homens: com um catálogo das espanholas que mais se destacaram nas Ciências e nas Armas / Juan Bautista Cubíe; tradução de Dafne Melo. – São Paulo: Editora Unesp, 2012.

140p. (Pequenos frascos)

Tradução de: Las mugeres vindicadas de las calumnias de los hombres
Inclui bibliografia
ISBN 978-85-393-0235-2

1. Mulheres. 2. Mulheres – Espanha – Biografia. I. Título.

12-1748.   CDD:920.72
                                                  CDU: 929-055.2

Editora afiliada:

Asociación de Editoriales Universitarias
de América Latina y el Caribe

Associação Brasileira de
Editoras Universitárias

Sumário

11 . *Prefácio à edição brasileira*

27 . *Prólogo ou introdução à obra*

35 . *Capítulo I*
   Que a perfeição da Mulher é igual à do Homem

43 . *Capítulo II*
   Que Adão deu uma contribuição maior na perdição da linhagem humana

47 . *Capítulo III*
   Que não foi La Cava o motivo da introdução dos mouros na Espanha

51 . *Capítulo IV*
   Que o saber e a prudência se verificam também nas Mulheres

63 . *Capítulo V*
   Que a Mulher é igual ao Homem no entendimento

67 . *Capítulo VI*
Que o engenho é superior às forças corporais, e que a excelência dessas duas coisas se verifica plenamente nas Mulheres

75 . *Capítulo VII*
Que a constância e a custódia do segredo podem se verificar também nas Mulheres

83. *Capítulo VIII*
Que a continência se verifica nas Mulheres mais que nos Homens

89 . *Capítulo IX*
Que o Homem é mais frequentemente possuído que a Mulher pelo vício da ira e da avareza

95 . *Capítulo X*
As razões alegadas pelos Legisladores para proibir as Mulheres em atos e governos públicos

99 . *Catálogo de Mulheres espanholas ilustres nas Letras e Armas*

Nota da edição

No original, as referências bibliográficas deste livro foram inseridas conforme o padrão adotado à época de sua publicação. Sempre que possível, identificamos e acrescentamos, entre colchetes, informações complementares sobre as obras consultadas pelo autor.

Prefácio à edição brasileira

A sociedade espanhola do barroco (século XVII) esteve fortemente marcada pela misoginia. Apesar da ancestralidade das convicções sobre a inferioridade feminina, com a Contra-Reforma (Concílio de Trento, 1563), expandiram-se a intolerância, as restrições, o controle sobre as mulheres e também seu confinamento. Essas ações e preceitos eram difundidos em manuais de moral e costumes, e se faziam presentes nas pregações religiosas e práticas cotidianas.

No Século das Luzes (XVIII), com a ascensão dos Bourbon ao trono espanhol, iniciou-se um processo de "renovação", particularmente, durante o reinado de Carlos III (1759-1788), com a introdução do pensamento ilustrado, que, apesar de débil, trouxe novidades. Mesmo diante das resistências da nobreza conservadora e da Igreja Católica, ampliaram-se preceitos de liberdade e laicismo (expulsão dos jesuítas e controle sobre as ações da Igreja); em oposição às antigas práticas mercantilistas, empreenderam-se reformas econômicas (projeto de lei agrária, ações de desenvolvimento manufatureiro, mudanças no sistema fiscal, criação das sociedades econômicas, renovação dos serviços públicos, aperfeiçoamento das vias de comunicação), culturais, artísticas e educacionais (criação de escolas de artes e ofícios, melhoria no ensino universitário, estímulo às ciências, educação feminina).

As transformações alcançaram as relações entre os gêneros, com o questionamento de antigos preceitos e tradições, a partir da difusão de novos costumes, práticas e modas, denominados "francesismos", que possibilitaram às mulheres maior presença no espaço público e acesso à educação. Nos setores populares cresceu o trabalho feminino nas manufaturas de tecidos e bordados, e as mulheres foram autorizadas a atuar em todos os ofícios "compatíveis com o decoro e força do seu sexo".

Neste contexto, dentro da proposta de difundir o racionalismo ilustrado, combater falsas crenças, corrigir aberrações, denunciar superstições e erros populares, o filósofo beneditino, Jerónimo Feijoo y Montenegro publicou *Teatro crítico universal* (nove volumes impressos entre 1726 e 1740). A obra, de caráter enciclopédico, tratava de temas distintos das ciências e atividades humanas e obteve sucesso prodigioso com várias edições em espanhol (em sessenta anos, quinze edições completas), bem como traduções em outros idiomas. O autor tornou-se influente figura literária e mentor do iluminismo reformista espanhol, contando com a anuência dos Bourbon. O discurso XVI, do *Teatro crítico*, intitulado "Defensa de las mujeres", destacava as virtudes e os potenciais femininos. O erudito referendava filósofos e teólogos da corrente racionalista para legitimar e apregoar que, com a formação adequada, as mulheres poderiam desenvolver todos os seus talentos, equiparando-se aos homens. Seu ensaio se tornou importante elemento de reflexão e iniciou uma acirrada polêmica, que envolveu várias publicações (livros, artigos e ensaios) e escritos na imprensa. Nos debates posicionaram-se, de um lado, os defensores das virtudes femininas, denominados "galantes" ou "aduladores das mulheres", e, de outro, os "detratores", empenhados em arrolar os vícios, defeitos e limites femininos.

Os "detratores" denunciavam a degeneração dos costumes e a necessidade de retorno aos antigos preceitos apregoados pelos moralistas conservadores; eles questionavam as ditas modas escandalosas, as frivolidades, a ostentação, a superficialidade e a ociosidade das mulheres; também se opunham às etiquetas cortesãs e práticas de sedução, fruto das consideradas "más influências francesas". Foram porta-vozes dessa postura Salvador José Mañer, Padre Francisco Soto y Marne, Laurencio Manco de Olivares (pseudônimo), Juan Antonio Santarelli, Alberto Antonio Soles, José Clavijo y Fayardo e o jesuíta Agustin Castejón.

Entre os "galantes" se destacaram Padre Martin Sarmiento, Ricardo Basco y Flancas (*Apoyo a la defensa de las mujeres*, 1727), Miguel Juan Martinez Salafranca (*Desagravios de la mujer ofendida*, 1727), Tiburcio Cascajales (pseudônimo do cônego Cristobal Medina Conde), o abade J. Langlet, frei Alonso Álvarez (*Memorias de las mujeres ilustres de España*, 1798) e damas ilustradas como Beatriz Cienfuegos, Josefa Amar y Borbón, María Isidra Quintina de Guzmán, entre outras.

Nesta polêmica merece destaque o livro de Juan Bautista Cubíe, *Las mujeres vindicadas de las calumnias de los hombres, con un catálogo de las españolas, que más se han distinguido en Ciencias y Armas* (Madrid: Antonio Pérez de Soto, 1768), dedicado a Cayetana Fernández Miranda de la Cueva, marquesa de Escalona.

Sobre o autor, restaram poucas referências pessoais, sabe-se que foi funcionário da Real Biblioteca do Palácio de Oriente, em Madri, mas, seu pequeno livro, como uma síntese da memória da polêmica, permaneceu por gerações.

Como bibliotecário e erudito, o autor, possivelmente, conhecia obras similares que circulavam no período, como *Glorias inmortales, triunfos, y heroicas hazañas de ochocientas cuarenta y cinco mugeres ilustres antiguas, y modernas*, editada em Veneza pelo cisterciense do Pedro Pablo Ribera (1609), ou o já notório *Libro de las claras e virtuosas mujeres*, de D. Álvaro de Luna (1446), com um catálogo de biografias laudatórias de mulheres célebres, nobres, ilustres nas ciências e nas artes, militares e santas.

Inserido no fervor do debate, no preâmbulo da bem documentada obra, Cubíe declarava *"poner la pluma"* a serviço da defesa das mulheres da ignorância e malícia de seus detratores.

> manifestar os débeis fundamentos em que se apoia a opinião que vilipendia as Mulheres; mostro que elas não são inferiores a nós em todas suas disposições ou faculdades naturais [...] o grande sofrimento que me causa ver o sexo feminino ultrajado injustamente, e abatido por quase todos os Homens.

Seus escritos demonstram erudição, com referências à história e filosofia antiga, além de textos bíblicos; munido desse arcabouço, ele criticava os preconceitos e maledicências contra as mulheres, ressaltando que sua defesa não implicava um ataque aos homens. A base da argumentação centrava-se na opinião de que a perfeição das mulheres é igual à do homem, que na criação os dois foram dotados de alma racional idêntica, sendo ambos depositários de defeitos e virtudes.

Impugnando os que apontavam a imperfeição das mulheres, arrolava qualidades, virtudes (constância, capacidade de sigilo, menor inclinação para ira e avareza), capacidades morais e intelectuais femininas, salientando o espírito alegre, vivo e criativo das damas, afora de observar alguns dons especialmente desenvolvidos como a capacidade de conhecimento nas ciências e letras. A fim de confirmar suas reflexões na segunda parte da obra, arrolou um repertório biográfico de mulheres ibéricas que se destacaram nas letras, ciências e armas.

Em resposta aos "detratores" questionava o dito ócio feminino, destacando suas funções como imprescindíveis no cotidiano da família, além do trabalho nos campos e nos ofícios. Indo além, acrescentou um capítulo especialmente polêmico em que discute as ações e atos de governo das mulheres.

Por fim, posicionava-se:

> Já saí de meu empenho em manifestar o erro que padecem os que se empregam ao vilipêndio do sexo oposto. Conheçam, então, seu engano; saibam todos que não há motivo algum da parte de nosso sexo para se empregar em vilipendiar, nem maldizer todas elas. Com

isso elas, confiantes, começarão a combater os sofismas dos Homens que universalmente vituperam todas as Mulheres, que se esquecem daquela honra devido a suas próprias Mães.

Não poderá essa defesa causar prejuízo algum à moral; na verdade me parece que pode ser proveitosa, desde que as Mulheres não pensem mais do que devem sobre suas virtudes, pois essa defesa não se dedica a vangloriá-las ou torná-las presumidas. Mas sim tirar de alguns a presunção que têm por imaginar que em tudo são superiores, o que os torna ousados em ultrajar e abater o belo sexo.

Apesar dos méritos das argumentações, o embate se estendeu por toda a segunda metade do século XVIII e, com a ampliação do periodismo e dos escritos femininos, mulheres assumiram a polêmica em defesa da promoção de seus direitos, em particular, o da educação. Nesse sentido, merece lembrança o empenho de Josefa Amar y Borbón – *Discurso en defensa del talento de las mujeres* (1786) e *Discurso sobre la educación física y moral de las mujeres* (1790) –, que destacava que "o cérebro não tem sexo" e apregoava as aptidões femininas para desempenhar qualquer função, inclusive na política.

A ampliação da acessibilidade à educação favoreceu o ingresso das mulheres de elite no âmbito da cultura, desenvolvendo seus interesses por artes, idiomas e criação literária. Elas romperam com os esquemas tradicionais, participaram de saraus, tertúlias e salões literários, criaram uma escritura (poesia, prosa e dramaturgia) com estilo próprio, falando de seus sentimentos e, em alguns casos, adotando atitudes reivindicativas. Entretanto, se uma parte das mulheres teve acesso à educação e a um protagonismo histórico diferenciado de suas antecessoras, cabe destacar que as mudanças mantiveram-se restritas e não alcançaram a grande maioria.

Os "galantes", entre eles Juan Bautista Cubíe, explicitaram as ambiguidades e contradições de seu tempo, questionaram antigos modelos normativos baseados nos preceitos da inferioridade das mulheres, e também defenderam a emergência de um novo paradigma – o da *complementaridade entre os gêneros*, que difundia novos padrões de feminilidade, centrados na representação da esposa virtuosa, mãe dedicada e atenciosa com os filhos. Entretanto, ao valorizar o papel das mulheres na família e no espaço doméstico, os "galantes" limitaram as ações das mulheres no âmbito público.

Sobre a polêmica e os escritos de Cubíe mantêm-se muitas interrogações: até que ponto se conseguiu subverter as relações feminino-masculino? Os preceitos apregoados foram incorporados ou não? Quais as ações de resistências, questionamentos, acomodações e apropriações diante dos discursos que redefiniram os papéis sociais e modelos culturais de feminilidade? Como estrategicamente as mulheres fizeram uso da polêmica, aproveitando brechas para reivindicar novas oportunidades e igualdade de gênero? Essas questões não se restringem à polêmica do passado, permanecem colocadas na contemporaneidade e são iluminadas pela leitura deste escrito.

Maria Izilda S. de Matos
Professora titular do Departamento
de História da PUC-SP

De um íntimo amigo do autor em elogio à obra.

Romance

Mereci que tua amizade me dirigisse
Este belo Tratado que publicaste
Com tanta propriedade, que nele se admira
O natural unido com o hábil.
Em defesa das mulheres,
Tu o intitulas, e nele dás provas reais
De que são superiores seus esmeros,
E sem usar a rigidez do ultraje feroz.
Dispões sobre a matéria em que te empenhas
Com discrição e honra, e quando sais
A defender, defendes com razões
Que têm a razão tão de tua parte.
Autorizas os pontos a que te referes

Sem haver linha, que girada, não ate
a soluções congruentes
Que autorizam o ponto, e o caráter.
Da História, dominas as notícias,
Tão centrais, tão fiéis, tão pontuais
Que não vêm violentas, embora seja verdade
Que tua Literatura as atrai.
Bem sei, e tu no Exórdio o sabias,
Posto que nele a ideia declaraste,
De que haverá Zoilos que teu Livro morderão,
Mas também Sábios que tua ideia elogiarão.
Ainda que daqueles uma multidão vocifere,
E destes se realce um pequeno número,
A parte importante é a que tem
O poder da ciência de tua parte.
Satisfações lograrás infinitas,
Amigo, com tua Obra, ao ver que divulgas
De um sexo tão justo
Os motivos ocultos que tornam estimáveis.
Que perfeição igual ao homem tem
A mulher, nisso nos introduz o douto exame,
E este ponto Político defendes,
E como Filósofo, tu o tornas demonstrável.
Que teve Adão no primeiro delito

Mais participação que Eva, bem o decifrastes;
Pois o Mundo o chora, e o conhece,
E o erro do filho nasce do pai.
Que a ciência e prudência estão unidas
Na mulher, quem há de estranhar isso!
É um pequeno céu ver que admites
Tão belas impressões de tua parte.
Que no entendimento brilhe o sexo
Feminino, e que ao homem em tudo iguale,
Veja com Aristóteles; ele soube
Que a mulher, se quer, também sabe.
É o esforço que as Amazonas mostram;
E as Sibilas, o engenho; e, em contraste
Desses dotes, é o sexo o que conta
Com uma fama tenra em bronze e jaspe.
A constância e custódia do segredo
Encontram-se na mulher, e isso se sabe;
Pois, sendo capaz, não é muito que tenha
No peito também capacidades.
Contida, ainda que débil, contém-se,
E a prática mais visível o faz,
Pois se vê que uma coisa tão possível,
A mulher, por sua honra, não acha fácil.
Mostra ser muito difícil que nela entre

A avareza, e a ira; e tu viste;
Porque sua compleição não dá matéria,
Nem se ajusta aos riscos de seu enlace.
Alegas as razões que tiveram
Para eximi-las dos Tribunais.
Sábios Legisladores, contemplando
Não a incapacidade, senão o amável.
E enfim, no catálogo que pões
De nossas Heroínas nacionais,
Mostras que os louros de Minerva
As ilustram também como os de Marte.
Disposição e estilo te captura
Do Sábio estima; e o ignorante
Ficará convencido de teus erros,
Ao ver tantos manifestos exemplares.
O temor jamais faça que resistas
Ao laborioso afã de te apresentar;
Pois não se pode achar o inacessível,
Se não se passa pelo fatigável.
Não poupe produções para o gosto
De seus amigos, voe, não canses,
E faça valer isso em tua Obra por obséquio,
Pois em sua brevidade nada mais VALE.

Licença do Conselho

Dom Ignacio Estevan de Ygareda, do Conselho de S. M. seu Secretário e Escrivão de Câmara mais antigo e de Governo do Conselho: Certifico que pelos Senhores dele foi concedida a licença a Don Juan Bautista Cubíe, habitante desta Corte, para que por uma vez possa imprimir e vender um Livro, que foi composto sob o título: *Em defesa das mulheres*, com tal que seja em papel fino e boa estampa, e pelo Original que vai rubricado, e assinado na primeira e última folhas por mim, e as demais por Dom Manuel de Carranza, Oficial da Secretaria de Governo a meu cargo, a qual está o despacho desta comissão, guardando o disposto e prevenido pelas Leis e Pragmáticas destes Reinos, e trazendo ao Conselho, antes de dar ao público, um Exemplar impresso juntamente com o Original: E para que conste o assino em Madri no dia nove de Agosto de mil setecentos e sessenta e oito.

Ignacio de Ygareda

Prólogo
ou introdução à obra

Parece que leio nos semblantes dos Críticos os conceitos e juízos que fazem deste Tratado. Uns, reparando no assunto, o julgarão trivial e depreciável, e pensarão ser um desvario, filho da juventude inconsequente. Outros, refletindo sobre o motivo que me estimulou a este trabalho, pensarão que tenho a vã pretensão de ser aplaudido pelas Mulheres. E, finalmente, esta Obra sofrerá o desgosto e desprezo de muitos; destino que tem a maioria das obras que saem e se sujeitam à censura do Público.

Mas nada disso me desanima a publicar este Tratado, pois tais juízos não se fundam na razão, nem têm por objeto a piedade, como deveriam.

É grave o prejuízo que ocasiona a multidão de Críticos que temos hoje em dia. Porque o olhar deles desanima a juventude e nem se atreve a dar ao Público algum fruto de seus interesses e aplicação às Letras. Caso notem em qualquer Obra alguma falha, consideram-na digna do maior desprezo, sem dar atenção ao trabalho que o Autor teve ao compô-la, o que o faz merecedor de que seus defeitos e descuidos sejam julgados e castigados com prudência e atenção às branduras da piedade.

Se observarmos, com cuidado, o dilatado número de Críticos, encontraremos poucos com a erudição e a literatura correspondente para exercer tão árduo emprego. E na maior parte, longe de se verificar aqueles princípios dos quais decorre o acerto da Crítica, se notará grande ignorância e estupidez. Porque não costumam ter mais motivo, nem fundamento para exercer o árduo emprego de críticos; e gabam-se de Literatos, considerando-se a si próprios o que não o são, e querem se declarar Sábios com o desprezo de quem merece elogios por seu trabalho com mais ou menos defeitos, segundo seus talentos e estudos. Jactam-se de muito saber, e não reparam que na opinião dos Eruditos são considerados néscios.

Digno de repreensão seria eu se negasse que a verdadeira Crítica, posta em prática com a devida moderação, é necessária e proveitosa à República Literária. O abuso daquela encobre o brilho, oculta a utilidade desta. Hoje em dia todos são Críticos, e o maior deles costuma ser o mais ignorante; usurpadores dos direitos dos Eruditos. Não há um ajudante de cozinha, que sabendo ler, não se meta a criticar quantas Obras saiam a Público. E o que causa a maior admiração é o sublime conhecimento daqueles que só de ver a capa de qualquer Obra já começam a criticá-la, a enchê-la de defeitos e, por último, a considerá-la digna do maior desprezo. Não se deve em realidade dar a estes o nome de Críticos, mas sim de ignorantes, estudantes de segundo grau, tão cheios de vaidade como vazios de erudição. Tão longe estão estes de serem respeitados, como próximo de serem desprezados e rejeitados das conversas dos entendidos.

Apartado de toda a razão é como vejo qualquer um que despreze a verdadeira Crítica em seus legítimos professores que procedem com prudência. Porque atendendo a sua utilidade, não só não se deve menosprezá-la, mas dar-lhe uma acolhida agradável. Mas a lástima é que são poucos os sujeitos dispostos a ela, e que procedem com prudência e educação em seus reparos. Disto vem o fato de que a Crítica que se faz hoje em dia costuma ser birrenta e nunca acha Livro nem papel que mereça sua aprovação. Se lacônico, é acusado de obscuro; se cumpridor das regras, de frouxo e chato; se complexo, de afetado e pomposo; e, se simples, é acusado de baixo e vulgar.

Isso é praticado por muitos Críticos que ficam muito dependentes de seus ditames e vontades. E pensam que neles está a sabedoria. Mal podem ler um livro sem desprezo ou displicência, seja porque estão muito satisfeitos com seu saber, seja por inveja do saber alheio, isto é, por ter uma extraordinária – ou mínima – delicadeza de paladar.

Dizia um sábio não ter achado Livro tão ruim que não tivesse alguma coisa boa. E para esses néscios e sem consideração não pode um Livro ser bom se possui algo de ruim.

Chamo a eles de sem consideração porque não refletem que a perfeição das Obras é uma prerrogativa apenas de Deus. Nem observam que, sendo notório que os homens, por natureza, são defeituosos é, portanto, impossível que publiquem obras totalmente perfeitas. Têm a pretensão de que cada Livro que saia à luz seja a luz mesma. E com quanta falta de discrição em relação ao Livro, que não seja de todo perfeito, o consideram indigno da luz pública! Nem consideram que ao pretender isso, querem que a mão do homem compita com a do Criador. O mesmo Deus, para confundir nossa soberbia e alumbrar nossa necessidade, bem claro nos diz que mal chegamos a entender mesmo o que vemos e tocamos.[1] Voltem a vista para si próprios, fixando-a em suas dúvidas e obscuridades, e que os dotados de muita sagacidade, antes de notar defeitos alheios, que se descontentem consigo mesmos antes de incomodar os demais.

Postos os débeis fundamentos que costumam ter a maior parte dos Críticos em suas observações, não encontro motivo para me desanimar, mas sim

---

1 *Difficile estimamus, que in terra sunt, et que in prospectu sunt invenimus cum labore.* Sap.9. v.16. [Do latim: "Avaliamos com dificuldade o que está sobre a terra e com esforço encontramos o que está à vista". Sabedoria 9:16.]

para continuar com minha empresa de publicar este Tratado. Porque assumindo que contenha toda a perfeição, toda que pode caber na humana fragilidade, sempre sofrerá por parte deles o desprezo. E os que se encontrem com a devida disposição para fazer uma verdadeira Crítica, não duvido que sua prudência e urbanidade façam mais toleráveis meus erros e descuidos.

Grave é o empenho em que me proponho a defender as Mulheres por ser tão comum entre os Homens a opinião em vilipêndio daquele sexo, que mal admite nele alguma coisa boa, enchendo-o de defeitos na moral e de imperfeições no físico.

Não devem pensar que com a defesa deste sexo busco o menosprezo do nosso e seja eu, por conseguinte, tão bobo, que me lisonjeie com o ultraje de mim mesmo. Não é outro fim o meu que manifestar os débeis fundamentos em que se apoia a opinião que vilipendia as Mulheres; mostro que elas não são inferiores a nós em todas as suas disposições ou faculdades naturais.

Não estou longe de advertir que mais bem-cortada pluma deveria ter se entregado a um tema tão árduo. Mas o grande sofrimento que me causa ver o sexo feminino ultrajado injustamente, e abatido por quase todos os Homens, faz que eu me esqueça de minhas limitadas forças, que me mexa e coloque a pena em sua defesa e a publicar a ignorância e malícia dos detratores desse sexo.

Com grande desumanidade procedem aqueles que infamam o belo sexo. Porque esse vilipêndio compreende as suas próprias mães, que lhes deram o ser. E só essa reflexão deveria ser suficiente para contê-los. Os poucos Escritores que desnudados de toda a paixão e estimulados pela verdade escreveram em defesa desse sexo têm sido caluniados devido à falta de juízo e piedade por parte dos que lhes infamam, seja com a pena, seja com a língua. Tanto era o aborrecimento que tinha Catão em relação a esse vício que o antepunha ao delito de fazer algum furto no templo ou de ofender os deuses.

A maior parte dos que maldizem as Mulheres toma por fundamento o vício ou a desenvoltura de uma para criticar todas as outras de forma generalizada. Não consideram que a vida desenvolvida por aquela não pode, nem deve, comprometer a bondade de todas? E que defeito se pode notar nesse sexo que não se encontre no nosso? Em todos os vícios nos igualamos e em muitos nos excedemos. Caso se aclarasse o princípio das desordens do sexo feminino, este seria encontrado, sem dúvida, no teimoso impulso de indivíduos do nosso sexo. Que estes se corrijam, desnudem-se de seus vícios e reimprimam suas paixões e se, a partir disso, as Mulheres continuarem com seus excessos, aqueles poderão justamente censurá-las. Mas enquanto isso não se verifique, devem frear suas línguas, sujeitando-as a um perpétuo silêncio; para que os Homens não fazendo menção aos defeitos do sexo feminino, não manifestem o tropel de vícios nos quais se encontram envolvidos.

Para a comprovação disso e desengano dos difamadores, me pareceu melhor impugnar as calúnias de maior relevância e consideração com que pretendem os Homens ultrajar o belo sexo.

Capítulo I

Que a perfeição da Mulher é igual à do Homem

Árduo é o assunto que empreendo neste capítulo. Por ser tão universal o delírio de considerar a Mulher imperfeita, parece uma idiotice contradizê-lo. Raro é o Homem que não se interesse na supremacia de seu sexo em detrimento do outro. A preocupação indubitável do amor-próprio faz que eles prorrompam tais desvarios. Essa opinião é filha da ignorância, pois não tem mais fundamento que birra. Para o acerto dos juízos e pareceres, é necessário que precedam os fundamentos correspondentes, e faltando estes, aqueles serão pirracentos e desprovidos de razão.

Para mim, bem fácil seria provar maior perfeição na Mulher. Mas não pretendo ostentar o engenho, mas sim publicar a verdade, e dar a conhecer a malícia ou ignorância dos que consideram a Mulher imperfeita em relação ao Homem.

De duas causas depende a mulher assim como todas as demais criaturas. Uma *eficiente*, e a outra *material*. Deus, que é a causa primeira, criou o Homem e a Mulher. A matéria, que é a causa segunda, é a mesma em ambos os sexos: não se pode encontrar nisso nenhuma preferência particular pelo Homem.

De duas partes se compõem ambos os sexos. Uma é a alma racional e a outra é o corpo. Em relação à primeira não há nenhuma vantagem por parte do Homem, pois todas as almas racionais em sua perfeição física são iguais. Em relação à segunda, não posso conceder a igualdade, mas devo dar preferência à Mulher. Quem poderá negar que esta, por sua beleza, ganha com grande vantagem a perfeição corporal do Homem? Este, por sua áspera carnosidade, e devido aos pelos que cobrem seu corpo, não só é um objeto menos amável, mas se pode dizer que se parece mais aos brutos que à Mulher.

Se supuser a Mulher menos perfeita, estou obrigado a confessar que o Homem é igualmente imperfeito por nascer dela. Porque, segundo a opinião dos Filósofos, não se pode dar a perfeição a uma coisa que nasce de outra imperfeita.

Muitos dão a preferência ao Homem por ter sido criado antes que a Mulher. Proposição escandalosa. Pois por essa regra deve-se preferir os brutos aos Homens, pois são anteriores a ele. E a alma racional deve ser considerada imperfeita, em relação ao corpo, por ter sido criada posteriormente.

É universal, dentre os homens, chamar o animal fêmea de imperfeita, assegurando que o desígnio da natureza na obra da geração sempre busca o macho; só o erro ou o defeito, seja da matéria, seja da faculdade, gera a fêmea.

Sendo certo o que asseguram, concluir-se-á que a natureza busca sua própria ruína; pois não pode se conservar a espécie sem a participação de ambos os sexos. Concluir-se-á também que há mais erros que acertos, contra a opinião de Aristóteles, sendo certo que se produz mais mulheres que homens. Como se pode atribuir a formação das fêmeas à debilidade de virtude, ou defeito de matéria, vendo-as nascer muitas vezes de pais com boa complexão e robustos, na idade mais florida?[2]

O excesso de alguma Mulher costuma ser, entre os Homens, assunto para suas conversas, maldizendo-a, e considerando a todas igualmente defeituosas, sem advertir que eles contribuem para tal excesso. Não se impede uma solteira de aproveitar o obstinado impulso da juventude. Nem a casada abandonará sua honra, ao não fustigá-la o contínuo mau gesto do marido, o desprezo com o qual a trata, o aborrecimento com que a olha e o abandono do devido respeito. Costuma isso emanar do fato de ele se achar entregue a outros ilícitos afetos que apagam da memória sua obrigação; isso é a causa de muitas vezes a mulher se desobrigar de suas ações. Ele exclama então contra ela, surpreende-se com seus desmandos, sem perceber que estes têm origem em sua má-conduta e em seu proceder infame. E, finalmente, só atribui aos vícios da Mulher

---

2 Feijoo. *Theatr. Critic. tom.* I. *defensa de las Mugeres*. [Feijoo y Montenegro, Benito Jerónimo. *Teatro crítico universal*. Defensa de las Mugeres.]

esse excesso. E para que se veja que isso é uma verdade constante, atentem para a forma como se verificam essas desordens.

Uma mulher casada nota em seu marido a toda hora um semblante carrancudo, e em um galã que não cessa de persegui-la um rosto aprazível. Aquele a domina como um dono tirano; este se oferece como um escravo rendido. Ali se apresenta a ela a escravidão; aqui o império. Do primeiro, não se escuta senão desapreços; do segundo, não se escuta nada senão adorações e ela se vê elevada à esfera de deidade. Na boca do marido, é toda imperfeição; na do galã, é toda graça. Vê que aquele não cuida de sua manutenção e decência; a este o vê liberal, e nele encontra o que necessita e deseja. Ali, o Homem se ofende com sua presença; aqui, desvanece pesares e alegra as ideias. Pois quão estranho pode ser que aos golpes de tantos impulsos chegue esta Mulher a se render? E quem a arrastou para tal excesso, senão o antagonismo de dois homens? Um subjugando-a com o desprezo; e o outro a atraindo com o agrado.

Se as Mulheres resistem aos planos que os Homens constantemente inventam para rendê-las, eles se vingam publicando sobre elas aquela mesma infâmia, da qual negam participar de modo tão incomparável; e são más só porque quiseram ser boas. Se são condescendentes, admiram seus excessos. E, finalmente, se virtuosas ou perversas, aqueles sempre acham motivo para vituperá-las.

Muito frequentemente os Homens representam naquele sexo uma horrível latrina de vícios, como se eles fossem os depositários das virtudes. E como podem dizer isso quando a Igreja dá àquele sexo o epíteto de devoto? E quando sérios Doutores nos dizem que se salvarão mais Mulheres que Homens, ainda que se leve em conta a proporção do que está em maior número? E fundamentam isto por ver nelas maior inclinação para a piedade.

Em diferentes ocasiões escutei: se as Mulheres em tudo se igualam aos Homens, por que Deus estabeleceu o domínio e a superioridade do homem em relação à mulher naquela sentença *"sub viri potestate eris"*?[3]

---

3 Genes. c.3 v.16. [Do latim: "estarás sob o poder do homem". Gênesis 3:16.]

Respondo: não se deve entender isso no sentido que pretendem os difamadores das Mulheres, isto é, de que ela é escrava do homem, mas sim que essa é uma sujeição política, e que essa sujeição foi inteiramente pena do pecado – porque no estado da inocência esta não existia, ao menos não consta no Texto. Essa sujeição se deve entender em relação ao governo econômico.[4] E ainda que sejam iguais em talento, sempre era necessário que um dos dois fosse a primeira cabeça para o governo da casa e da família; o outro seria confusão e desordem. O motivo de se verificar no homem essa preferência, sendo iguais os entendimentos, como mais adiante será provado, só Deus nos poderá dar sua verdadeira solução; porque ignoramos as divinas resoluções.

---

4 Abulens. In Genes. c.3, quaest.18. [Madrigal, Alfonso de. *Alphonsi Tostati Hispani Abulensi Episcopi Opera omnia*, v.1, *Commentaria in Genesim*, c.3, quaest.18.]

Capítulo II

QUE ADÃO DEU UMA CONTRIBUIÇÃO MAIOR NA PERDIÇÃO DA LINHAGEM HUMANA

Injustamente os detratores das Mulheres acreditam que não foi tão grave o pecado de Adão em relação ao de Eva; e só a ela se atribui o tropel de ruínas e misérias em que se envolveu a linhagem humana. Que culpa se pode acumular em Eva que não seja maior em Adão?

Alegam como fundamento que se o demônio não tivesse usado Eva para incitar Adão, não teria conseguido fazer com que eles saíssem do estado de graça; e também que tentou a Mulher porque era a mais frágil e, por conseguinte, mais sujeita a ser enganada.

Esse mesmo fundamento vai contra eles. Porque se a Adão é atribuído maior saber e juízo, também deveriam considerá-lo mais forte para resistir à tentação e, portanto, maior é sua culpa.

Ainda que Deus tenha proibido igualmente Adão e Eva de comer daquela fruta, aquele, como era dotado pelo Senhor de mais sabedoria e juízo, estava obrigado a precaver a precipitação de ambos. Porque se em Eva não se verificava tantas forças para poder triunfar diante do infernal inimigo, Adão deveria repreendê-la e não segui-la no erro. Que culpa se pode notar em Eva de não ter resistido à sagacidade do demônio que não se pode também notar em Adão por ter se mostrado tão débil às sugestões de Eva? Esta foi enganada por uma criatura de superior inteligência e sagacidade, circunstância que não se deu com Adão. Torna-se muito menor o delito dela em relação ao dele.

Adão comeu da fruta não por ter dado crédito à enganosa promessa[5] da qual se utilizou a serpente para persuadir Eva, mas para satisfazer a esta, como

---

5 *Et eritis sicut Dij.* Gen. c.3, v.5. [Do latim: "E sereis como deuses". Gênesis 3:5.]

diz o Abulense,[6] a qual pecou por ignorância[7] porque não conhecia o logro da serpente.[8] Por isso que São Paulo,[9] São Tomás[10] e Scot[11] afirmam que a maior culpa foi de Adão.

Diz um autor[12] que nosso Redentor tomou a figura de homem para manifestar que Adão foi a causa

---

6 In Gen c.3, quaest.5. [Madrigal, Alfonso de. *Alphonsi Tostati Hispani Abulensi Episcopi Opera omnia*, v.1, *Commentaria in Genesim*, c.3, quaest.5.]

7 *Adam non est seductus, mulier autem seducta in prevaricatione fuit.* Paul. *ad Timoth.* [Do latim: "E não foi Adão que foi seduzido, mas sim a mulher que, enganada, caiu em prevaricação". Timóteo 2:14.]

8 Abulens, in Genes. c.3, quaest.5. [Madrigal, Alfonso de. *Alphonsi Tostati Hispani Abulensi Episcopi Opera omnia*, v.1, *Commentaria in Genesim*, c.3, quaest.5.]

9 *Et sicut in Adam omnes moriuntur; ita et in Christo omnes vivificabuntur.* Ad Corinth. c.15 v.22. [Do latim: "E assim como em Adão todos morrem, assim também em Cristo todos serão vivificados". Coríntios 15:22.]

10 *Gravius fuit peccatum Adae, quam peccatum Evae* quaest.163, art. ult. [Do latim: "O pecado de Adão foi mais grave que o pecado de Eva". Aquino, Tomás de. *Suma Teológica*, II-II, quest.163.]

11 Lib.2. Sent. Dist.22, Art.1. [Scot, John Duns. *Secundi libri setentiarum*, Distint., XXI, quaestio secunda "*Virum peccatum Adae fueris gravissimum*".]

12 Paul. Ribera *Glorie delle donne illustri*, art.7. [Ribera, Pietro Paolo. *Le Glorie immortali de'trionfi et heroiche imprese d'ottocento quaranta cinque donne illustri, antiche e moderne...*, art.7.]

da perdição do universo e que, por conseguinte, Ele vinha para resgatá-lo do cativeiro de sua culpa.

Daqui emana uma das primeiras razões da ordem Sacerdotal ter sido designada ao Homem e não à Mulher. Porque tendo tomado o Redentor a figura de homem, e representando o Sacerdote ao Salvador no santo Sacrifício do Altar, deve ser Homem aquele que ocupe tal ministério. E assim não por falta de santidade nas mulheres, mas por congruência do sexo foi encarregada a Ordem Sacerdotal aos homens, e não à Virgem, que a todos excede em mérito e dignidade.[13]

Fica já provado com sólidos fundamentos ter sido mais grave a culpa de Adão. Passemos agora a tratar do engano que cometem os que culpam La Cava pela perda da Espanha.[14]

---

13 Id.
14 Referência à história que responsabiliza Florinda "La Cava" pela invasão moura da Espanha. Diz a narrativa que, em princípios do século VIII, o último rei visigodo, dom Rodrigo, violou uma bela e jovem palaciana. Humilhada pela desonra, "La Cava" revela o ultraje para seu pai, o conde dom Julián, que jura vingança. Este, então, alia-se às tropas mulçumanas e lhes abre as fronteiras da Espanha cristã. (N.E.)

Capítulo III

Que não foi La Cava o motivo da introdução dos mouros na Espanha

Por muitos carecerem da lição da História, estes creem que, devido a La Cava, a Espanha se viu possuída pelos Africanos; e se persuadem de que essa história é verdadeira, fundamentada somente pelo fato de que assim afirma o Pe. Mariana, como se ele não pudesse estar enganado nisso, e em outros sucessos que dá por certo.

A verdade é que, se examinamos as histórias, veremos que alguns compartilham a opinião daquele Historiador, mas também veremos outros que negam a existência da Cava, entre eles, Mantuano,[15] o marquês de Mondejar,[16] e Nicolás Antonio.[17]

Provam esses três eruditos que o motivo pelo qual a Espanha se viu possuída pela crueldade dos sarracenos foi dado pelos filhos de Vitiza. Porque tendo os Godos deixado o poder depois da morte do Pai, e sendo D. Rodrigo escolhido como Rei, eles ficaram tomados de tamanha injúria que procuraram vingança.

Vendo que os Godos haviam preferido a vontade ao direito, os filhos de Vitiza passaram pela África e trouxeram os Mouros em seu favor e contra o Rei D. Rodrigo, a quem declararam guerra. Feneceram eles e o Rei nessa sangrenta batalha, ficando a Espanha rendida ao vergonhoso julgo dos sarracenos.

Sobre as razões que provam essa verdade e se opõe ao julgamento de Pe. Mariana não me deterei

---

15 [Mantuano, Pedro.] *Advertencias à la historia del P. Juan de Mariana.*
16 [Ibáñez de Segovia Peralta y Mendoza, Gaspar (marquês de Mondéjar).] *Advertencias à la historia del P. Juan de Mariana.*
17 [Antonio, Nicolás.] *Censura de historias fabulosas.*

em explicar, pois não dizem respeito ao meu assunto. O curioso pode consultar os Autores citados. E com essas provas fica já por assentado que não foi a mulher senão o homem que deu a Espanha nas mãos dos Africanos.

Mas ainda que eu aceitasse a existência de La Cava, nada se prova contra ela. Por que culpariam La Cava e não o Rei D. Rodrigo? Não resistiu ela ao incômodo causado por este para não manchar sua honra? Não foi ele quem, seguindo seu apetite desenfreado, atropelou a castidade daquela firme mulher? Pois se assim aconteceu, por que a inocente La Cava tem de ser a culpada?

Tendo satisfeito D. Rodrigo seu desejo, a ultrajada mulher começou a chorar sua desgraça e a prorromper contra quem se atreveu a manchar sua honra. Não achava mais consolo no justo sentimento e contou ao seu Pai a afronta. Isso não foi persuadir a vingança, mas declarar sua inocência, e manifestar a dor que causava ter perdido a melhor dádiva que lhe havia entregado a natureza. Pois o que há de estranho que o amor de um Pai, vendo sua filha em tal estado, se lance impetuosamente à vingança daquele que, atrevido, executou a injúria? Nem ela, nem seu Pai devem ser culpados nisso, senão aquele que deu motivo para a queixa, de onde se originou o dano. Veem como delito La Cava ter reivindicado sua honra ultrajada, mas não advertem o atentado de D. Rodrigo. Como se o que este fez fosse de pouca consideração; e o proceder daquela provoca o ódio comum.

Não posso me persuadir, mesmo que achem razões para desculpar D. Rodrigo. Porque se este tivesse reprimido sua paixão, La Cava não teria tido motivo para ir se queixar com seu Pai. E se isso não tivesse ocorrido, a vingança – ou a traição – tampouco. Se tudo se originou do atentado de D. Rodrigo, ele sozinho foi a causa do domínio dos Mouros na Espanha.

Capítulo IV

QUE O SABER E A PRUDÊNCIA TAMBÉM SE VERIFICAM NAS MULHERES

A opinião comum dos Homens não só não admite nas Mulheres o saber e a prudência, como supõe que elas possuem juízo limitado e extraordinária vaidade. Mas para proceder com ordem e clareza, examinemos primeiro a definição de prudência.

Prudência é como se chama aquele juízo cuja luz o Homem consulta antes de fazer algo e depois resolve sua conduta para operar com acerto, como diz Aristóteles.[18]

---

18 *Prudentis est bene consulaere, et in agenda versatur.* Lib.6. Ethicor. cap.6. [Do latim: "É próprio do prudente deliberar bem, e ocupar-se das coisas que devem ser feitas". Aristóteles. *Ética a Nicômaco.*]

Não sempre consiste em fazer algo, mas também em abster-se de executar tal coisa, segundo pareça conveniente àquele que tem por objeto a prudência em suas ações, como afirma o mesmo Filósofo.[19] A prudência sempre está acompanhada do juízo, de tal sorte que deve-se supô-lo em qualquer um que seja prudente. Ambos são funções da alma racional e não há vantagem em relação a isso em um sexo ou outro; por que então não verificaríamos isso nas Mulheres?

O mesmo argumento prova que há no sexo feminino suficiente disposição para as ciências. Porque para o estudo delas é necessário o entendimento que emana da alma racional. Mas não basta este, acompanha-lhe ainda a disciplina e sem esta não se pode obter o conhecimentos das ciências. Se estas não se verificam dentre as Mulheres, não é por falta de disposição natural, mas por ser rara aquela que se dedica a aprendê-las. Maior admiração de-

---

19 *Quaerunt sibi quod bonum, idque agendum esse existimant.* Ethicor. 6, cap.9. [Do latim: "Buscam para si aquilo que é bom, e consideram o que deve ser feito". Aristóteles. *Ética a Nicômaco.*]

veriam causar os Homens, porque dentre muitos estudiosos poucos saem verdadeiramente sábios.

As Mulheres que têm se aplicado às ciências têm obtido grande vantagem em relação aos Homens. Imponderáveis são os progressos que fez Teano, natural de Creta. Os comentários que compôs sobre as virtudes e sobre os muitos poemas e ditos sentenciosos de Pitágoras dão crédito ao seu saber e à sutileza de seu engenho.[20]

Fabíola de Roma, Marcela e Eustóquia foram muito versadas na Sagrada Escritura, segundo o elogio que faz delas São Gerônimo.[21]

Semiamira, mãe do imperador Heliogábalo, por seu saber e prudência, concorria no Senado a propor seu parecer que sempre se provou mais acertado e prudente.

Hipátia, natural de Alexandria, fez progressos tão rápidos em Filosofia e Matemática que superou Teon, seu Pai e Professor.[22]

---

20 Laerc. In *Vita Pytagore*. [Laércio, Diógenes. *Vida de Pitágoras*.]
21 São Gerônimo. *Vita Sanctae Paulae*.
22 Socrat. lib.4, cap.15. [Socrates Scholasticus (Sócrates, o Escolástico). *Historia ecclesiastica*.]

Não se ignora que Hipe, filha de Quíron Centauro, mostrou a Éolo a contemplação da natureza que é a parte principal da Filosofia.[23] Nem se envergonhou Sócrates[24] ao confessar ter sido discípulo de Diotima. O curioso poderá ver a história dessa célebre mulher em Luciano[25] e Tiraquello.[26]

Floresceu no reinado de Nero, Pânfilia de Epidauro, filha do célebre Gramático Soteride. Foi tão douta que Fócio[27] afirma que essa Mulher ilustre escreveu oito livros de Miscelâneas.[28]

Nicóstrata, também chamada de Carmenta, ou ainda Carmentis, filha de Jônio, e mãe de Evandro, Rei da Arcádia, foi muito versada nas línguas Grega e Latina. Sendo seu pai descartado do Reino pelos

---

23 Cyrill. lib.4 *contra Julianum*. [Cyrillus (Alexandrinus), Joannes Aubert (São Cirilo de Alexandria). *Contra Julianum.*]
24 Plat. *Convivium*. p.1197. Edit. Fracofurt. 1602. Intérprete Marcilio Ficino. [Platão. *Simpósio.*]
25 *In imaginib.* [Lucianus Samosatensis (Luciano de Samósata). *Pro imaginibus.*]
26 *De Legib. Connubialib. Num. 30 lex II.* [Tiraquellus (Tiraqueau, André). *De legibus connubialibus et iure maritali.*]
27 *In Bibliothec.* [Photius (São Fócio). *Bibliotheca.*]
28 Gellius. lib.15, cap.17 et 23. [Aulus Gellius. *Noctes Atticae.*]

seus, por conselho de sua mãe veio com ela do porto de Tibre, e no monte que se chamava Palatino edificou a grande cidade chamada Palanteia. Achando os moradores incultos e sem o uso das letras, essa douta Rainha inventou as que hoje chamamos Latinas. Por essa invenção aqueles bárbaros e néscios passaram a considerá-la uma Deusa. E assim, enquanto viveu, celebravam festas e faziam cultos à Deidade. Depois de sua morte edificaram para ela um Templo na parte mais baixa do monte Capitólio, onde ela havia vivido.[29] Dizem os Gregos ter ela sido tão douta e eloquente que se não tivessem sido queimadas, por inveja, as obras dessa Mulher, ela obscureceria o nome de Homero.

Ainda que Plínio, com autoridade de Epígenes, queira provar que as Letras começaram com o Mundo, confessa, entretanto, ter sido Polímia a inventora da Retórica. E Ravisi afirma que Urânia inventou a Astrologia.

---

29 Strab. lib.5. Jul. Solin. *in descript. Rom.* Stat. lib.I. Plutarch. *In vita Romul.* [Strabo (Estrabão), *Geographiae*, lib.V; Gaius Julius Solinus, *Polyhistor*, lib.I; Plutarco, *Vittae parallelae*.]

Não devemos entregar ao silêncio a memória daquela famosa Sibila Pérsica, ou Sambeta, que escreveu cerca de oitenta livros misteriosos, o que é dito por Santo Agostinho e Lactâncio Firmiano.

Bem sei que haverá alguém que negará a existência das Sibilas. Mas não se pode negar sem temeridade contra a fé de tantos escritores. Porque ainda que continuem com a opinião de Dupin,[30] ou de outros, prevalece o testemunho de São Gerônimo,[31] que assegura a existência dessas Mulheres. E para não me deter em matérias alheias ao meu assunto, remeto os incrédulos ao Padre Honoré de Sainte--Marie,[32] para que se convençam então da verdade.

Omito outras muitas mulheres, que eternizaram sua memória com saber e prudência, para não gerar aborrecimento, nem aumentar o volume.

---

30 Tom.I, p.77. [Dupin, Louis Ellies. *Bibliothèque des auteurs ecclesiastiques.*]
31 *Deum Sybillis virginitatis merito Propheticae donum contulisse. Contra Jovianum.* [Do latim: "Deus concedeu às Sibilas, em razão de sua virgindade, o dom da profecia".]
32 *Animad. in Regul. et usum Critic.* tom.I, p.121. [Honoratus a Sancta Maria (Honoré de Sainte-Marie). *Animadversiones in regulas et usum critices spectantes ad historiam ecclesiae.*]

Não sei que razão se pode ter para supor pouco juízo nas Mulheres, quando o mesmo Aristóteles, que tanto as vitupera, acha-as mais astutas e sagazes que os Homens.³³ O que também assegura Platão.

Conhecendo essa verdade, os Sábios Lacedemônios se serviam de suas Mulheres em suas ações do conselho. Também não faziam nada sem antes comunicá-las,³⁴ seguindo o parecer de Aurélio Victor.³⁵ E os Atenienses queriam que as Mulheres dessem seu parecer em tudo que fosse proposto no Senado, como se fossem sábios prudentes Senadores.

Muitos acrescentam que as Mulheres não têm mais ciência que se adornar, nem mais discurso do que inventar modas com as quais fazem uma néscia

---

33 *Sunt feminae maribus astutiores.* Ethicor. cap.10. [Do latim: "As fêmeas são mais astutas do que os machos". Aristóteles. *Ética a Nicômaco*.]

34 *Multa in Lacaedemoniorum principatu à mulieribus administrabantur.* Arist. Politicor. 2, cap.7 [Do latim: "Muitas coisas no principado dos lacedemônios eram administradas por mulheres". Aristóteles. *Política*.]

35 *Faeminarum praecepta juvant marites.* In *vita jul Imperat.* [Do latim: "Os preceitos das mulheres ajudando os homens". Victor, Aurélio. *Liber de Caesaribus*.]

ostentação. E que é delas a entrega ao ócio por não encontrar em que se empregar, nem a que atender.

Respondo ao primeiro: que o adorno nas Mulheres não é vaidade, senão decência. E procedem com justa razão: porque a isso a natureza as inclinou. O asseio e a compostura nas Mulheres é parte da civilidade. E se a natureza houvesse negado essa particularidade ao sexo belo, seríamos todos tão incultos que pouco nos diferenciaríamos dos brutos. E se alguma por seu adorno indecente incorre na desonestidade não se deve atribuir esse erro a todas.

Se os Homens se admiram com o adorno nas Mulheres, por que muitos buscam imitá-las em tudo que é possível? A maior parte dos que maldizem isso sobre o belo sexo passa horas a fio na penteadeira e com o penteado procuram desmentir seu sexo, por se parecer ao outro, trazendo flores no peito, lenços com água de cheiro: bugigangas indignas de nosso sexo. Não somente se vê isso nos jovens, senão também nos que deveriam repreendê-los e, com seu exemplo, prudência e maturidade, afastá-los de coisas impróprias de nossa natureza. Há muitos tão bobos que deveriam ao menos não se igualar em tudo às Mulheres, deixando isso apenas no que diz respeito à vigilância e ao cuidado que deviam ter em relação às coisas pertencentes a sua obrigação e que conduz ao Estado, à honra, à fama e à utilidade. O que deveria causar nas Mulheres desprezo e riso em relação a tais Homens.

Respondo ao segundo: que têm elas tanto ou mais em que se ocupar do que os Homens. Porque a elas se fia o cuidado do governo econômico. Este é o exercício a que devem atender somente. Aristóteles vincula as mulheres à diligência, como virtude característica delas e bem distante dos homens.[36] Diz também esse Filósofo que a Mulher é para guardar e conservar os bens da fortuna. E que essa virtude é inferior à da aquisição.[37] Deve o homem adquirir os meios para a manutenção de sua família;

---

36 *Mulier ad sedulitatem optima; at vir deterior.* lib.I. aeconomicor. cap.3. [Do latim: "A mulher é melhor para o cuidado, e o homem lhe é inferior". Aristóteles. *Economia*.]

37 *Nam non minus ad servandum, quam ad comparandum idoneum est; alioquin vanus fuerio omnis labor comparandi.* lib.I. aeconomicor. [Do latim: "É necessário ser apto para conservar não menos do que para obter; de outra forma, seria vão todo o trabalho de obtenção". Aristóteles. *Economia*.]

e à mulher pertence a conservação deles e o governo para distribuí-los.[38] E vendo que isso está a cargo delas, não há razão para chamá-las de ociosas.

Não posso negar que algumas, esquecidas de sua obrigação, entregam-se à ociosidade; e por que motivo não se adverte isso de forma mais geral naqueles Homens que, ao se negarem ao trabalho, não se preocupam em manter suas famílias, obrigando de modo infame que as Mulheres os mantenham? Estes têm tão pouca consideração, que as faltas delas notam bem e publicam, mas as próprias não são advertidas ou, embora ainda maiores, consideram-nas mais leves.

Muitos não se satisfazem que elas adquiram com seu trabalho o pouco que este produz, mas as obrigam, tratando-as mal, não apenas a adquirir tudo o que é da ordem do necessário, mas também do supérfluo. Isso costuma ser motivo para manchar com adultérios muitos leitos matrimoniais.

---

38 *Suppeditat enim masculus necessaria, et faemina conservata*. Arist. aeconomicor. lib.I. [Do latim: "Fornece, pois, o macho as coisas necessárias, e a fêmea, as conservadas". Aristóteles. *Economia*.]

Porque percebendo elas a impossibilidade de satisfazer licitamente a perversa vontade do marido, e percebendo seu incômodo e maliciosa teimosia, determinam-se a abandonar sua honra para não sofrer aquele injusto e cruel castigo.

Advirto que as Mulheres com mais sorte se igualam aos seus maridos no trabalho. Porque elas também trabalham em seus rústicos exercícios; e, além disso, educam as crianças, cuidam da casa e da conservação dos afazeres domésticos.

Capítulo V

Que a Mulher é igual ao Homem no entendimento

Embora tenhamos acabado de provar nas Mulheres a aptidão para todo tipo de ciências quero, entretanto, discorrer sobre a particular disposição e as qualidades próprias do engenho desse sexo.

Os Homens não encontram mais fundamentos para notar rudeza no entendimento das Mulheres, senão dizer que elas carecem de conhecimento das ciências e das artes, como se isso fosse defeito da natureza, e que, elas ao procederem com o necessário para o conhecimento das ciências e das artes, eles não encontram nesse sexo suficiente disposição.

Essa opinião procede da ignorância. Pois o engenho inculto deve ser cotejado com outro igual e não com um disciplinado, que acompanha o estudo e a aplicação. Quem pode duvidar que o primeiro, carecendo desses princípios, é imperfeito em relação ao segundo?

Não sei onde o Peripatético encontra maior excelência no pensamento do Homem em relação ao da Mulher. Porque se esta não manifesta seus talentos, não é por culpa da natureza, senão por carecer da precisa e correspondente disciplina. Nem é de se estranhar que acompanhando a Mulher o entendimento do Homem, aquela ultrapasse este, por falhar o Homem naquele princípio.

Vemos também que Aristóteles não nega que a Mulher possa partilhar dos dons da natureza. Pois no primeiro capítulo da história dos animais de índole feminina, ele diz que a Mulher é de natureza mais flexível que o Homem. Ele a vê com mais disposição para aprender, usando da palavra [μαθημαπχώτερον], que conota maior aptidão para o estudo das ciências. Serve-se também da outra palavra, [εὐφέςερα], que significa "melhor índole" e "esperteza", acompanhada de engenho, que é aquela luz da memória que se consegue ao nascer: de que fala Aristóteles[39] e a explica com a mesma voz [εὐφα]. Teodoro Gaza, para lhe dar deu seu verdadeiro significado, verteu-a por: *mais engenhosa*.

Escalígero repreende esse comentador como pouco fiel na tradução de Aristóteles, notando que parafraseou o original, adicionando por sua conta a expressão "mais engenhosa". E sugere Escalígero que aquela boa índole há de se entender nas coisas comuns e de se aprender as que se adaptam à inteligência das Mulheres.

Evidentemente esse autor se engana. Porque o Filósofo fala do sexo feminino em geral e o diz mais matemático, ou seja, com mais disposição para aprender e de melhor índole, sem se limitar a algo particular e sem fazer nenhuma exclusão.

Não se pode negar a igualdade das almas racionais em sua perfeição física, tal como assegura Alexandro de Hales[40] com a autoridade do grande Basilio. E sendo estas naturalmente dispostas a penetrar tanto quanto alcance o gênero humano,

---

39 *Ethicor.* lib.3. [Aristóteles. *Ética a Nicômaco*.]
40 Quaest.84, par.2. [Hales, Alexandre de. *Summa Universae Theologiae.*]

segundo prova Aristóteles,[41] que dificuldade encontram em acreditar que na Mulher se verifica igual disposição para aprender que no Homem?

É uma regra da boa Filosofia que pelos efeitos se averiguam as causas. E, assim, o fato de ter florescido nas Mulheres as ciências e as artes, como manifestamos no capítulo anterior, é um argumento suficiente para provar que nesse sexo há a disposição correspondente.

---

41 *De Anima.* lib.3. [Aristóteles. *Da alma.*]

Capítulo VI

QUE O ENGENHO É SUPERIOR ÀS FORÇAS CORPORAIS, E QUE A EXCELÊNCIA DESSAS DUAS COISAS SE VERIFICA PLENAMENTE NAS MULHERES

Dou início a dois assuntos neste capítulo. Um é provar que o engenho ultrapassa com grande vantagem o esforço. O outro é mostrar como este se verifica também nas Mulheres. Enquanto muitos considerarão fácil provar o primeiro assunto, não duvido que haja outros que julguem temerário o empenho no segundo. Mas o mesmo processo do discurso lhes convencerá do erro que padecem nesse ponto. Pois quando faltarem razões, daremos exemplos que têm maior força para persuadir. E para não nos confundirmos, falaremos de ambos os temas separadamente, começando pelo primeiro.

Embora eu faça a concessão de que nos Homens se encontre mais esforço que nas Mulheres, não por isso aqueles deveriam se jactar de ter alguma vantagem. Pois elas não só possuem mais beleza e piedade como, deixemos claro, mais engenho, conforme provamos no capítulo anterior, qualidade que é superior ao esforço. O engenho é função do entendimento que emana imediatamente da alma racional, a qual é o que há de mais perfeito em nós; e como é oriundo de tão nobre origem, deve ultrapassar qualquer outra qualidade do Homem. O esforço é efeito da animalidade e nele nos assemelhamos aos brutos, assim como pelo entendimento temos alguma relação com a divindade.

Tendo a natureza dotado a Mulher de muito engenho, não se deve estranhar que tivesse limitado nela a força. Porque, segundo os naturalistas, verifica-se mais engenho naqueles em que se nota menos força.[42]

---

42 *Ubi plurimum de potentia, ibi minimum de ingenio.* [Do latim: "Onde há muito de força, ali há pouco de engenho".]

Deixamos já provada a superioridade do engenho em relação ao esforço, agora nos corresponde manifestar como este último reside também nas Mulheres; e se não superior, ao menos igual ao dos Homens.

É de tanta atividade o exercício que costuma exceder a mesma natureza, fazendo que se verifique no corpo força e robustez. Porque consumindo o humor supérfluo e excitando o calor, deixa os membros com mais agilidade e vigor, como diz Plutarco. Se as Mulheres fossem empregadas nos mesmos ministérios em que os Homens estão em exercício, não duvido que se igualariam a eles nas forças. Acreditam nessa verdade diversas províncias como Galícia, Astúrias e outras, onde se vê as Mulheres desprezando a delicadeza do sexo e dedicando-se a exercícios iguais aos dos Homens, sem que estes tenham vantagem alguma na força. E para embasar ainda mais essa opinião: naqueles que são criados desde a infância com grande cuidado e delicadeza se nota uma debilidade igual à das mulheres. Com isso podemos ver que esse defeito não provém da natureza, senão do pouco exercício que as impossibilita de adquirir tais forças.

Se examinarmos as histórias, veremos inumeráveis Mulheres que por seu ânimo e esforço eternizaram sua memória. Quantas vezes, por ver-se ultrajadas, menosprezando a vida, se apresentam para ser despojo da Parca, cuja visão faz desmaiar os peitos mais animados dos Homens? E quantas, com a robustez de seus braços, amedrontaram os ânimos mais alentados, desamparando nas guerras aqueles atingidos por seu desengano?

As Mulheres espartanas foram tão fortes que longe de mostrar seu sentimento pela morte de seus pais, filhos ou irmãos, orgulhavam-se de notícias tão funestas quando ficavam sabendo que suas vidas foram perdidas com honra. Outras, conhecendo covardia ou temor em algum deles, abriam elas mesmas, com o aço, o caminho deles para os Campos Elíseos.[43]

Quando a cidade de Sagunto foi cercada por Aníbal, todas aquelas Mulheres tomaram as armas, e lutaram valorosamente na defesa da Pátria.

---

43 Plutarch. In *Vita Num. Pompil. et Lucrg.* [Plutarco. *Vida de Numa Pompílio*; Id., *Vida de Licurgo.*]

Vencidos os Persas na batalha que tiveram com Ciro, voltavam os homens afrontosamente à Pátria. Suas Mulheres, vendo ação tão vergonhosa, saíram ao encontro deles e os repreenderam por sua covardia. Vêm, por ventura, para se esconderem entre nós e para que os ocultemos com nossos vestidos? – questionavam elas. Estimulados por tal fato, voltaram a lutar com tamanho esforço que em pouco tempo triunfaram sobre os inimigos: vitória que deveria ser atribuída às Mulheres.

Não se apagou com o passar dos séculos a memória das invictas Marpésia e Lampedo, Rainhas das Amazonas, cujos esforços e valor se admirou nas guerras que tiveram com seus inimigos; e em vista dos troféus que conseguiram, conquistaram o nome de filhas de Marte. Se alguém duvida da existência dessas Heroínas, pode consultar os Autores citados.[44]

---

44 Justio lib.2. Dionis. *Libisc. Lib. de Situ Orbis.* Plutarch. In *Vita Thesei.* Q. Curtius. Lib.6 et 61. Trogus Pompejus. Lib.2. Diodor. Sicul. Lib.3. Paul. Oros. Lib.1. Cap.15. Herodot. Lib.4. Marcian. Capel, lib.9. Virgil. Lib.1. *Aeneid.* Homer. Lib.23. *Iliad.* Ovidius 5. *Metamorphos et de Ponto.* Strab. Lib.10. Serviu.

Tendo Felipo, filho de Demétrio, a cidade de Quios cercado, mandou publicar uma ordem na qual não só dava liberdade a todos os escravos que ali estivessem que entrassem para seu Exército, mas prometia casá-los com as Mulheres que eles escolhessem, pensando que escolheriam suas Senhoras. Foi tanto o furor que se acendeu no peito das Mulheres que nenhuma se recusou a tomar as armas para a defesa. Colocou-se esse exército de valentes Mulheres nos muros da cidade e com tal esforço lutaram com os inimigos que expulsaram Felipo com grande afronta e perda de seus Soldados.

In 1 *Aeneid*. Stat. Pampin. 12. [Justinus Martyr (São Justino). *Apologias*; Dionísio Periegeta. *De situ orbis*; Plutarco. *Vida de Teseu*; Quintus Curtius Rufus (Quinto Cúrcio Rufo). *Historiae Alexandri Magni Macedonis*; Gnaeus Pompeius Trogus (Gneu Pompeu Trogo). *Historiae Philippicae et totius mundi origines et terrae situs*; Diodorus Siculus (Diodoro Sículo). *Bibliotheca historica*; Paulus Orosius (Paulo Orosio). *Historiae adversus paganos*; Heródoto. *Histórias*; Martianus Capella. *De nuptiis*; Virgílio. *Eneida*; Homero. *Ilíada*; Ovídio. *Metamorfoses*; Ovídio. *Epistulae ex Ponto* (*Cartas do mar negro*); Strabo (Estrabão). *Geographiae*; Maurus Servius Honoratus. *In tria Virgilii Opera Expositio.*]

Na famosa Judith se verificou um ânimo alentado e grande esforço, de acordo com o testemunho da Escritura[45] e segundo ponderam outros autores,[46] entre eles Bruneto, que, em sua opinião, ela foi mais forte e valente que qualquer Homem. Ele atribuiu isso ao fato de ela não ter temido a força do orgulhoso Holofernes. Porque expondo a própria vida pela liberdade de seu Povo, com rara astúcia e extraordinário valor, ela triunfou sobre aquele soberbo Capitão, dando-lhe a morte. A horrível cabeça apresentada ao Povo de Israel abriu caminho para a vitória e triunfou sobre seus cruéis inimigos. E assim é possível trazer inumeráveis exemplos para a comprovação dessa verdade, tanto da história antiga como da moderna.

---

45 Genes. c.3. [Gênesis 3.]
46 Flavius Vopise. In *Vita Imperat. Aurelian.* Pollius Trobellius. *Tract. Vitae Zenobiae.* [Flavius Vopiscus. "Imperatur Aurelianus". In *Historia Augusta*; Trebellius Pollio. "Zenobia". In: *Historia Augusta.*]

Capítulo VII

QUE A CONSTÂNCIA E A CUSTÓDIA DO SEGREDO PODEM SE VERIFICAR TAMBÉM NAS MULHERES

Ter provado a prudência no belo sexo poderia ser argumento suficiente para desviar o erro de considerar o sexo feminino de pouca substância e de gênio obstinado. Porque a falta de constância é oposta à prudência e vem da ignorância. Naquele em que reside esse vício não cabe discernimento das obras ou ações mais perfeitas e tal se opõe, por conseguinte, à prudência.

Pois, talvez, se sem querer tal indivíduo comece a agir com acerto, aquele vício lhe distrai e conduz à execução das coisas imperfeitas. E não conhecer a perfeição das coisas é a causa da ignorância. Não se propõe coisa que se cumpra, nem se persevera no que dá início. A prudência faz permanecer no que se começou a fazer e disso não se distrair. Não se atribuiria tão facilmente a falta de perseverança ao sexo feminino, caso se advertisse a firmeza que nele se verifica, seja em seus afetos, seja em seus aborrecimentos. Mas para proceder com mais clareza, quero me valer, ao invés de provas e razões, que abundam, de exemplos que, como mais vultosos, têm mais força para persuadir.

À magnânima Camma, sendo não menos casta que bela, se aproximou um jovem nobre, poderoso e Senhor daquele país, chamado Sinorix. Solicitou por meio de seu poder, rendimento, riqueza, rogos, submissões e ameaças, que ela se rendesse ao seu torpe apetite. Mas vendo que nada a obrigava, e não percebendo naquela Mulher castidade e constância, pensou que talvez o impedimento fosse o fino amor que seu marido professava a ela. Motivo pelo qual mandou matá-lo, com o objetivo de satisfazer por esse meio sua vergonhosa paixão.

Executada tão injusta sentença, ele começou novamente a persegui-la, mas aquela constante Mulher, ainda que se encontrasse em desamparada liberdade, jamais quis condescender ao desenfreio daquele Homem. Não achando ele outros meios para rendê-la, tentou casamento, sem que pudesse evitar o incômodo com a origem humilde de Camma. Declarou aos parentes essa sua determinação, para que a convencessem, mas esta se recusou, como prudente, pois ela sabia ser Sinorix o assassino de seu marido, o que não havia revelado a ninguém.

Tendo aquele impetuoso jovem escutado impacientemente a resposta, quis se vingar dos parentes, ordenando-lhes injustamente a morte. Vendo Camma o risco que estes corriam, aceitou casar-se, para poupar a vida de tantos inocentes.

Convencidos todos, e feitas as observações correspondentes em relação à grandeza de Sinorix, o casamento começou a ser celebrado com grandes festas. Mas naquele tempo era costume, antes de consumar o matrimônio, ir ao Templo de Diana onde, entre outras cerimônias, o marido e a mulher bebiam certa bebida de um mesmo copo. Camma colocou no copo um veneno que foi bebido por ambos.

Finalizada essa cerimônia, fez essa constante Mulher uma súplica a Diana em voz alta, queixando-se publicamente da maldade e deslealdade daquele tirano, e agradeceu por poder levar a cabo seu plano.

Morreu primeiro Sinorix, sem que fizessem efeito antídotos. E depois aquela constante Mulher trocou o leito matrimonial pelo sepulcro, para conservar o claro espelho de sua castidade.

Feitos prisioneiros os Espartanos pelos Lacedemônios, fizeram suas Mulheres grandes instâncias a fim de que lhes deixassem falar com eles. Obtendo essa permissão, disfarçaram cada sexo com a roupa do outro, ficando as Mulheres nas prisões para dar liberdade a seus maridos. Conseguiram isto depois de tão heroica ação.

Suficientes me parecem esses exemplos para manifestar a perseverança das Mulheres em todas as suas ações e particularmente no amor que professam a seus maridos.

Os Homens afirmam encontrar naquele sexo grande debilidade de caráter ou defeituosa perseverança em guardar segredos. E por ventura não se verifica neles o mesmo defeito? Sêneca e Salomão, falando sobre esse assunto, não consideram um sexo mais defeituoso que o outro. E entendendo o sentido literal desse sábio rei, parece que atribui particularmente aos homens esse defeito.[47]

Tanto os Homens como as Mulheres costumam geralmente depositar em uma pessoa de maior confiança seus segredos. E depois aqueles se admiram se estas não guardam segredo. Pois se eles mesmos não puderam manter o segredo com eles, como podem pretender que aqueles em quem fiaram o segredo o custodiem? – pergunta o filósofo Sêneca. Parece-me melhor omitir os argumentos que provem dessa verdade e fazer uso dos exemplos.

Harmódio e Aristogíton, por libertar a Pátria da crueldade de Hiparco, tirano de Macedônia, provocaram-lhe a morte. Professavam estes estreita amizade com Leaena, grega. E pensando os Juízes que por esse motivo ela seria cúmplice daquela conjuração, tentaram obrigá-la, por meio de cruéis tor-

---

47 Lib. Proverb. c.25 v.28. [Provérbios 25:28.]

mentos, a declarar o que sabia. Vendo que essa constante Mulher – com todos os tormentos tão cruéis, com as forças de seu corpo falecendo e debilitada sua virtude – não fraquejava, partiu ela mesma sua língua com os dentes e a cuspiu na presença dos Juízes, manifestando sua constância e a dificuldade que há em guardar um segredo alheio, como disse Aristóteles. Os Juízes se viram então obrigados a dar a ela a liberdade em companhia de Harmódio e Aristogíton.

Foi tão universal o aplauso com que se celebrou a firmeza dessa Mulher na Grécia que concordaram em fazer honras a ela, oferecendo incensos e dedicando sacrifícios como se fosse uma Deidade. E porque a lei de Atenas proibia a adoração de uma Mulher de tal vida, determinaram adorar a um animal no lugar.[48]

Epícaris, Mulher ordinária e ciente da conjuração que houve contra Nero, tendo sido atormentada com cruéis instrumentos, esteve longe de se deixar embargar pela força da dor dominante em seu co-

---

48 Lactanc. lib.I, cap.20. [Lactâncio. *Divinae institutiones.*]

ração. Diante dos rigorosos suplícios, preferiu se enforcar com uma faixa a dizer o que sabia.

O contrário se verificou nos conjurados. Porque cedendo a força dos tormentos, uns descobriram ter como cúmplices seus próprios pais e outros, seus íntimos amigos. Pois quando estes se viam redimidos do perigo de morte graças a uma Mulher, acabaram por perder a vida por razão da vergonhosa ação dos Homens.

Capítulo VIII

Que a continência se verifica nas Mulheres mais que nos Homens

Grande admiração causa aos homens qualquer falha na honestidade que se note em alguma Mulher. Como se eles fossem de matéria distinta, da qual não se pudesse verificar fragilidade e, por conseguinte, tal defeito. Mas para proceder com mais acerto, vejamos primeiro a definição de continência.

Deve-se chamar de continentes aos que se opõem, por meio da razão, ao deleite e aos apetites sensuais, como diz Aristóteles.[49] Isso se verifica em

---

49 *Temperatus est, qui absentia voluptatum non dolet, est praesentibus se abstinet*. Ethicor. cap.14. [Do latim: "É continente aquele a quem não dói a ausência dos prazeres e que se abstém dos (prazeres) presentes". Aristóteles. *Ética a Nicômaco*.]

poucos Homens, segundo mostram suas ações. A maior parte deles não cessa de inventar planos para fisgar a vontade do belo sexo. Vemos que eles chegam continuamente, seja com humildade, dádivas ou adulações, para sujeitá-las ao excesso. E quantos costumam infamar a umas e por cativar a outras? Se as Mulheres chegam a cair com os golpes de tantos impulsos, quem será a causa de sua ruína senão os Homens?

Costumo ouvir de alguns que é rara hoje a Mulher que se veste com a decência correspondente ao seu sexo. Tenho muito que falar sobre esse assunto; mas será mais acertado que eu me sujeite ao silêncio. Só me contento em dizer: que toda novidade excita a admiração e disso se passa à reclamação. Se alguma, com seu adorno indecente, excita a sensualidade, a maior parte dos Homens arrasta-nas com laços não só equivalentes, como mais poderosos que aquele atrativo. E se em alguma se nota aquele traje desonesto, muitas se vestem com a decência correspondente a seu sexo. Mas entre os Homens é muito universal buscar meios para levá-las aos vícios. Quantas vezes o dissoluto e importuno desacato deles enrubesceu o rosto de muitas com a cor da vergonha! Entre a virtude e o vício as colocou a natureza.

Sempre encontram os Homens no outro sexo as origens de seus próprios excessos. Uns culpando o traje indecente de algumas e muitos a beleza de outras, como se isso fosse culpa da Mulher. Alguns argumentam que a beleza, longe de trazer proveitos, acarreta gravíssimos danos em amores desordenados; que acende competições, suscita cuidados, inquietudes e receios naqueles que estão encarregados de sua custódia. Mas essa acusação é mal fundamentada, originada da falta de advertência. Porque caso todas fossem feias, nas de menor deformidade se veria tanto atrativo como agora nas formosas e, por conseguinte, fariam o mesmo estrago. Sempre os Homens culpam as Mulheres pelos desacertos que lhes causa sua vergonhosa paixão e as infelicidades que os arrastam. Como se eles não as tivessem causado com sua própria falta de continência. Remito esses à História Antiga e Moderna, nas quais podem ver as provas dessa verdade.

O Profeta Davi ficou tão fora de si devido ao seu desenfreado apetite, que cometeu os dois enormes pecados de homicídio e adultério. Não foi Betsabeia quem lhe persuadiu a isso. Porque estava longe de pensar que alguém poderia vê-la enquanto se banhava. Se ele não tivesse se entregado tão facilmente à sensualidade, não teria cometido os dois excessos.[50] E se o sábio Salomão não tivesse se rendido tão facilmente a sua paixão, não teria prevaricado em sua fé.[51]

Aristóteles, que tanto vitupera o belo sexo, amou com ternura as duas Mulheres que teve. E era tamanho o amor que professava à primeira, chamada Pítia, que chegou ao delírio de dar a ela incensos como se fosse uma Deidade.

Se o forte Sansão não tivesse dormido no seio de uma Mulher, não teria sido enganado e privado de suas forças sobrenaturais. Não foi ela a causa de que ele se encontrasse em tão deplorável estado, mas foi ele mesmo que buscou sua infelicidade, pois se entregou a suas paixões. E poderia trazer outros inumeráveis exemplos. Mas deixo ao curioso a indica-

---

50 Reg.2, cap.11. [*Reis.*]
51 Reg.3, cap.11. [*Reis.*]

ção de que estenda a vista pelas amenidades da história, onde descobrirá ser maior o número dos Homens que, seja com fineza ou com violência, procuraram vencer as Mulheres, e muito pequeno o número de Mulheres que incitaram o Homem a cair nesse vício.

Capítulo IX

QUE O HOMEM É MAIS FREQUENTEMENTE POSSUÍDO QUE A MULHER PELO VÍCIO DA IRA E DA AVAREZA

Prescindindo da razão que alegam os Físicos como prova dessa verdade, só as ações do belo sexo bastam para fundamentá-la.

Que ato de humildade vemos nos Homens que possa se igualar ao das Mulheres na sujeição a seus maridos, de tal sorte que quase todas as ações dependem da vontade deles? Que Homem poderia sofrer o tratamento desumano que muitas Mulheres injustamente padecem?

Primeiro, confesso que há algumas Mulheres tão sofríveis, que é necessário que o Homem se faça valer da prudência contra a razão que lhe assiste, e fazer-se de surdo e desentendido em relação aos ataques das Mulheres para impacientá-lo, precavendo-se assim das consequências desagradáveis. E longe de estar ela sujeita à vontade do marido convém, para conseguir a paz, que as ações dele dependam das dela. Não faltam as que com ciúmes indiscreto não param de impacientar o homem. E isso costuma ser, às vezes, pretexto para vingar-se, se ele se incomodou com algum excesso, jogando nela seu vício. Mas não se deve supor que todas têm essa infame atitude.

Concordam todos os Físicos que o Homem é mais colérico porque possui mais sangue que a Mulher. E, segundo Aristóteles, aquele é mais cálido e seco e esta, mais fria e úmida.[52] O sangue e o calor são virtudes nutritivas da ira e cólera. E por isso em geral se verifica mais nos Homens esse defeito. Essa verdade é fundamentada por suas próprias ações. Sabemos que muitas vezes, por uma mera palavra,

---

52 *Est autem vir calidus, et sicus mulier autem frigida, humidaque.* Sect. Quaest.26. [Do latim: "O homem é, no entanto, quente e seco e a mulher, fria e úmida". Aristóteles. *Problemata.*]

uns tiraram a vida de outros. Isso em relação à ira. Passemos agora a tratar da avareza que injustamente atribuem às Mulheres.

Ignoro os fundamentos que possam ter para que notem nelas esse defeito com tanta satisfação. Não poderão me negar que pelas intrínsecas ações humanas vem o conhecimento das paixões das criaturas. E assim teremos suficiente argumento para persuadir que está mais possuído pela avareza qualquer um dos sexos que por ações externas tenha dado provas maiores desse abominável vício.

Se examinarmos a História, Antiga e Moderna, não se encontrará Mulher alguma que tenha eternizado sua memória com esse vício, segundo se lê em Marco Craso. Foi este o mais ricos entre os Romanos e tão avarento que, depois de morto, colocaram seu corpo em uma urna de ouro, manifestando o excesso de seu vício com uma inscrição que dizia: "Você esteve toda a vida sedento de ouro, agora, farte-se dele".[53] Que mulher chegou a vender

---

53 *Aurum sitisti, aurum bibe.* [Do latim: "Tiveste sede de ouro, bebe ouro".]

os cadáveres pela cobiça de ouro? Esse vício obrigou Aquiles a ser tão desumano que vendeu o defunto Heitor.[54]

Ao cruel Polinestor, tanto lhe cegou sua avareza que matou o inocente Polidoro, a quem lhe havia entregado o Rei Príamo para que o criasse.[55]

O avarento e tirano Pigmaleão deu a morte ao sacerdote Sicarbas, seu cunhado, pela cobiça do tesouro que este tinha.[56]

Ptolemeu, Rei de Chipre, preferiu morrer nas mãos de seus inimigos que abandonar o tesouro para

---

54 *Exanimumque auro corpus vendebat Achilles*. Virgil. lib.1. *Aeneid*. [Do latim: "O corpo sem vida vendeu-o Aquiles por ouro". Virgílio. *Eneida*.]
55 *Heu! Fuge crudeles terras, fuge litus avarum. Nam Polydorus ego. Hic confixum férrea texit Telorum seges, et jaculis increvit acutis.* Virgil. lib.3. *Aeneid*. [Do latim: "Ah! Foge às terras cruéis, foge à praia avara. Pois sou Polidoro. Aqui uma férrea seara de lanças cobriu meu corpo perfurado, e criou raízes com dardos agudos". Virgílio. *Eneida*.]
56 *Ille Sichaeum, Impius anteaires, aique auraeus amore. Clam ferro incautum superat, securus amorum. Germanae.* Virgil. lib.1. *Aeneid*. [Do latim: "Ele, ímpio, cego por amor ao ouro, secretamente vence Siqueu pela espada diante do altar, indiferente ao amor da irmã". Virgílio. *Eneida*.]

salvar sua vida. E como este, poderia citar vários outros exemplos para embasar mais essa verdade.

Também devo dizer que os Homens estão mais próximos a incorrer nesse vício. Porque segundo a definição de São Gregório,[57] esse vício é um amor desordenado e um insaciável desejo pela riqueza, acompanhado sempre da fraude, do engano por meio de juramentos falsos, da inquietude das violências e da desumanidade. E a avareza não aparece senão naqueles que apresentam essas perversas características. A fraude se encontra no comprar e vender. Sendo o comércio uma ocupação própria dos Homens, as Mulheres estão mais distantes de incorrer nesse vício. O avarento costuma se utilizar de um juramento falso para confirmar um engano na injusta aquisição de algumas riquezas. Isso se observa em alguns Homens, pois sendo eles os que buscam os meios para o sustento, costumam adquirir mais, atingindo o injusto, apropriando-se do alheio. Costumam também ser violentos com os que resistem em ceder o que é seu e que foi justamente adquirido.

---

57 Lib.31, *Moral.* cap.31. [São Gregório. *Magna Moralia.*]

À avareza se segue a inquietude. Esta se nota no avarento por dois motivos. Primeiro, por querer adquirir o que não deve, nem é justo. Outro, pela conservação do que foi injustamente adquirido.

A impiedade que ocasiona aquele vício não é própria das mulheres, porque geralmente são mais piedosas e compassivas com os homens, como diz Aristóteles.[58] E como a avareza nunca vem sem a falta de piedade, e sem as referidas características, não pode aquele vício se verificar de forma tão universal nas Mulheres como nos Homens.

---

58 *Lib. Phisiognomiae.* [Aristóteles. *Phisiognomie.*]

Capítulo X

As razões alegadas pelos Legisladores para proibir as Mulheres em atos e governos públicos

Julgam alguns Homens que por serem as Mulheres imperfeitas, devem ser proibidas por lei de ocupar cargos e empregos públicos. Mas se refletissem sobre o motivo dessa proibição, veriam o erro de que padecem nesse tema. Pois não é outro o fim dos Legisladores senão olhar pela honestidade daquele sexo, e por ser condizente ao perfeito zelo à vida humana.

Comecemos a ver cada coisa que pela Lei civil foram proibidas ao belo sexo. Ordena esta que não podem as Mulheres obter cargos, nem empregos públicos. Não porque as considerem incapazes de desempenhar tal função, nem por desprezá-las, senão para não expor a honra e o decoro delas. Pois sendo necessário, nesses cargos ou ministérios, conversar com uma multidão de pessoas de ambos os sexos em lugares distantes ou públicos não é indicado às Mulheres, para seu decoro, intervir tão livremente na comunicação de tantos Homens. Se essa proibição não existisse, a contínua comunicação daquelas com os Homens ocasionaria, sem dúvida, muitas desordens, como diz Beyerlinck,[59] com a autoridade de Justiniano. Dão crédito à verdade os mesmos Legisladores, porque quando a uma mulher pertence por direito a sucessão de um reino ou de qualquer outra dignidade, ordenam que ela pode desfrutar do cargo e dispor livremente dele.

---

59 *Idque ne praetextu litis, imprudenter, et contra sexus verecundiam irruat in caetus viroe rum*. Theatr. Vitae humanae. Tom.5. verb. mulier. [Do latim: "E para isso não invista, sob o pretexto de um litígio, impudentemente e contra a modéstia de seu sexo, contra a sociedade dos homens". Zwinger, Theodor. *Theatrum Vitae Humanae*.]

Licurgo, que colocou a Lei aos Lacedemônios, longe de notar incapacidade nas mulheres quer que elas governem com o Homem a República.[60]

A mesma razão proíbe as Mulheres de poder comparecer por outros nos Tribunais e de fazer defesa judicial. E como prova dessa verdade; elas não são proibidas de exercitar causas em nome de seus filhos e parentes, ou certas causas particulares.[61]

---

60 In lib.I. de Legib.
61 *Quinimo, et muliers admittuntur ex rescripto Divorum Severi, et Antonini sed eae solae quae pietatis necessitudine dectae ad hoc procedunt ut puta mater, nutrix, quoque et avia potest, et sóror. Sed et siqua alia mulier fuerit, quam praetor propensa pietate intellexerit, sexus verecundiam non egredientem, sed pietate productam non sustinere injuriam pupillorum admitter eam as accusationem.* Justin. Lib.1 instit. Tit.26 §.3. [Do latim: "E mais, por um decreto dos imperadores Severo e Antonino, até as mulheres são admitidas como acusadoras; mas somente aquelas que foram levadas a isso pela premência de uma afeição sagrada, como uma mãe; também uma nutriz e as avós podem, e pode também uma irmã. Mas o pretor admitirá para fazer acusação qualquer outra mulher cuja real afeição ele reconheça, e que, sem exceder a modéstia de seu sexo, é impelida pela afeição a não suportar a injustiça contra seus pupilos". Justiniano, *Institutiones*.]

Já saí de meu empenho em manifestar o erro de que padecem os que se empregam ao vilipêndio do sexo oposto. Conheçam, então, seu engano; saibam todos que não há motivo algum da parte de nosso sexo para se empregar em vilipendiar, nem maldizer todas elas. Com isso elas, confiantes, começarão a combater os sofismas dos Homens que universalmente vituperam todas as Mulheres, que se esquecem daquela honra devida a suas próprias Mães.

Não poderá essa defesa causar na moral prejuízo algum; na verdade, me parece que pode ser proveitosa, desde que as Mulheres não pensem mais do que devem sobre suas virtudes, pois essa defesa não se dedica a vangloriá-las ou torná-las presunçosas. Mas sim tirar de alguns a presunção que têm por imaginar que em tudo são superiores, o que os torna ousados em ultrajar e abater o belo sexo.

Catálogo de Mulheres espanholas ilustres nas Letras e Armas

A

ALVILDA, Princesa, foi filha de um Rei Godo chamado Sivardo. A natureza dotou essa princesa de beleza, valor e de tanta honestidade que jamais apareceu sem véu no rosto. Não demorou para que a crueldade de seu pai fizesse sua beleza a mais oculta e invisível, colocando-a dentro de uma prisão. Deu também a ela, como companheiras, uma Víbora e uma Cobra para que, domesticadas pela criação, servissem de companhia e de guarda, pois eram temíveis por sua ferocidade. Estabeleceu depois uma lei com pena de morte aos que violassem o segredo daquela Torre, salvo com permissão da Majestade, que prometia liberalmente, estando certo do perigo, dar a Princesa como esposa àquele que, arriscando sua vida com as Serpentes, obtivesse a vitória.

Divulgou essa notícia por todo o Reino, causando grande admiração em várias províncias. A informação chegou à Corte do Príncipe Alfonso, filho de Sigaro, Rei da Dinamarca. Apaixonado por tamanha beleza, julgou que merecia não só os cuidados de um Rei e um Reino, mas também a ferocidade de duas Serpentes, desprezando o perigo, confiando em seu valoroso braço e ânimo ousado. Determinou, então, conseguir a vitória ou morrer na empreitada. Foi, então, à presença do Rei Godo e manifestou a ele quem era e a que vinha. Sivardio definiu um dia para a luta e partiu, levando em seus braços a fama de seu esforço. Levava sobre a armadura uma pele tingida com sangue, para provar melhor a ferocidade das Feras, que saíram prontamente para buscar o valoroso Príncipe que ia determinado a matar ou morrer. Atacado pela Víbora, colocou em sua boca uma bola de ferro que trazia para este fim; a fortuna se igualou a sua constância, mas a obstinação cedeu, para entrar de novo em outro mais duro combate. Pois com o primeiro triunfo, a Cobra, enfurecida, lançou-se em sua direção, soltando sibilos que fariam desmaiar o coração mais ousado. Porém, Alfonso não desanimou e, atingindo-a com a lança várias vezes, abriu caminho para a vitória, o que Alvilda viu e celebrou com apreço tal pessoa e seu valor.

Chegou o vitorioso Alfonso à presença de Sivardo, com aplausos do Povo, em cuja vista a Majestade fez cumprir sua promessa. A Princesa ignorava o afetuoso interesse de Alfonso que havia se lançado em libertá-la, mas vendo a crueldade de seu pai e inclinada à fé e ao valor de tão ilustre Príncipe, consentiu o casamento, o que provocou um desmaio em sua mãe, a Rainha, devido ao grande ódio que esta tinha dos Homens. Vendo a bela Alvilda que seu matrimônio afetava sua mãe, mostrando ela que era algo escandaloso e contra sua honestidade, e possuindo ânimo varonil, juntou algumas donzelas com a resolução heroica de deixar a Pátria com elas e seguir sua fortuna no exercício das armas. Em poucos dias se ausentaram secretamente de seus parentes, e Alvilda se negou a estar na presença de Alfonso.

Caminhou aquela bela companhia por lugares remotos da Pátria e a distância lhe ocultou muitos anos do cuidado de Alfonso. Consumidos os tesouros que levavam, aquele ilustre esquadrão de donzelas se converteu em quadrilha de Salteadoras, procurando com a violência o sustento, tendo o furto como necessidade. Nesse penoso exercício passaram algum tempo, até que, atravessando o mar Gótico e metendo-se em muitas jornadas por terra adentro, encontraram um exército de Salteadoras, que, chorando a triste morte de seu Capitão, acolheram-se sob o amparo e domínio de Alvilda. Admirados com seu ânimo e grande esforço, a escolheram como Capitã.

Corriam os anos 850 de Cristo, quando o Príncipe Alfonso – que sempre se manteve firme em seu afeto – teve notícias precisas dos perigos, embora também dos sucessos ilustres, da bela Alvilda. Juntando um poderoso exército saiu a seu encontro e como hábil Capitão, destroçou o exército de Alvilda. Esta causou grande admiração em Alfonso, devido ao esforço, precisão e prontidão com que comandava seus Soldados. A batalha foi intensamente sangrenta, fato que teria feito a vitória menos gloriosa se Alvilda tivesse perigado levemente, pois dos seus alguns foram mortos, muitos presos e poucos feridos.

Celebraram o triunfo daquele dia, como o último da peregrinação de Alfonso e primeiro de sua boda, pois Alvilda, em desempenho de tão fino amor, não se recusou a aumentar a felicidade dele e consentiu o casamento, dando um feliz fim ao seu heroico desterro. Foram com toda a armada à Dinamarca onde, com júbilo e regozijo de todo o povo, efetuaram-se as bodas com as grandezas correspondentes a tão ilustre Príncipe.

ANA CARO manifestou seu engenho nas Comédias que compôs e que foram apresentadas publicamente com grande aplauso. Foram publicadas por Nicolás Antonio.

ANA CERVATON, natural de Castela e dama de honra da rainha Germana de Foix, segunda esposa de Dom Fernando, o Católico. Foi muito douta e discreta. Qualidades que lhe deram na

Corte o nome de singular. Entre as cartas de Lucio Marineo Sículo, escritas em Latim a essa dama, pode-se ler na mesma língua as respostas que ele recebeu de Ana Cervaton, no ano de 1512, cuja elegância mostra a perfeição com que usava aquela língua.

ANA DE CASTRO EGAS, por seus talentos e erudição, mereceu o elogio de Lope de Vega.[1]

ANA FERNANDEZ, no cerco que os Turcos colocaram a Dio, fortaleza dos portugueses no Reino de Cambaia e famoso teatro de suas vitórias, destacou-se em heroicas ações. Não contente com o trabalho que tinha de dia – lançar-se ao combate desprezando os perigos com intrépido coração e colocar-se em meio aos Soldados, animando uns aos outros e levantando a alguns –, pela noite acudia aos reparos da fortaleza, transportando pedra e acompanhando os Soldados, não tanto pela necessidade que tinha, mas por sua inclinação.

---

1 Nicol. Ant. *Bibliothec. Hisp.* tom.2. [Antonio, Nicolás. *Bibliotheca hispana nova.*]

Saindo um dia para visitar o baluarte por onde os Turcos tentavam abrir a porta para a vitória, encontrou morto um filho seu de 18 anos. Retirando-o em seus braços, sem mudar o semblante, voltou ao lugar de combate, mostrando o mesmo valor, até que se acabou o assalto. Depois sepultou seu filho em um local mais apropriado, sem que ninguém notasse em seus olhos sinais de sentimento, o que causou admiração a todos.

ANA OSORIO, natural de Burgos; fez grandes progressos na Teologia, segundo assegura Matamoros.[2]

ANA DE VILLEGAS, natural de Medina do Campo, falava com perfeição não só as línguas Francesa, Italiana e Portuguesa, como também a Latina.[3]

---

2 In *Apologetic. narrat. de accademijs, et doctis viris Hispanie.* [Matamoros, Alfonso García. *De viris Hispaniae doctis narratio apologetica.*]
3 Nicol. Ant. *Bibliothec. Hisp.* tom.2.

ANGELA, natural de Barcelona, foi muito versada nas línguas Grega e Latina.

ANGELA MERCADER ZAPATA, natural de Valência, foi muito ativa nas Letras, Filosofia e Teologia.[4]

ANTONIA DE LA CERDA foi mulher do Capitão Antonio Pereyra de la Cerda, seu segundo primo, aprendeu as línguas Latina, Grega e Siríaca, nas quais fez grandes progressos. Dedicou-se a um contínuo estudo da História Sagrada e Profana, e teria feito maiores progressos se não a tivesse impedido sua morte, em 4 de julho de 1686, com 16 anos de idade.

ANTONIA DE ROXAS tem sua origem em Castela, embora nascida em Portugal; foi tão douta e versada na poesia que em um volume manuscrito se encontram as seguintes obras que compôs, intituladas:

---

4 Id.

Intervalo para tristes. Histórias fabulosas em prosa e verso, em língua Portuguesa.

Proceso de la vida, y morte de un amante.

Princípio das tristes tragédias da autora, verso em Português.

Tragedia lastimosa de Doña Antonia de Roxas na muerte de su único hijo, en prosa, y verso.

Origen autentica de nuestra Señora de Monteserrat, transladada de prosa em verso.[5]

B

BEATRIZ GALINDO, natural de Salamanca, aplicou-se desde a infância aos estudos, de tal maneira que chegou a dominar com perfeição a língua Latina, a Retórica e outras Letras. E tanto por seu saber, como por seu ilustre nascimento, foi camarista da Rainha Católica Dona Isabel e sua Professora de língua Latina. Morreu essa célebre mulher no ano de 1535.

BEATRIZ DE SYLVA E SOUZA escreveu muitas comédias e livros ascéticos. Teve grande enge-

---

5 Damian Florez Perym. *Teatro de mugeres ilustres.*

nho e capacidade, e dedicou alguns anos ao ensino da História Eclesiástica.

BERNARDA FERREIRA DE LA CERDA, natural da cidade do Porto, foi muito inteligente na língua Latina, estudou também Retórica e Filosofia, e manifestou a sutileza de seu engenho na Poesia. À essa sábia mulher, Lope de Vega dedicou sua elegia intitulada *Filis*.

C

CATALINA, infanta de Aragão e depois Rainha da Inglaterra, filha dos Reis Católicos Dom Fernando V e Dona Isabel, casou-se com Artur, rei da Inglaterra, no dia 14 de novembro de 1501. Não teve sucessão desse matrimônio devido à morte do Rei, que ocorreu apenas cinco meses depois do casamento. Frustrada a Real sucessão na Coroa Inglesa, com a morte de Artur, antes (como querem alguns) da consumação do casamento com dispensa do Papa Julio II, Catalina desposou o segundo irmão de Artur, que o sucedeu na Coroa com o nome de Henrique VIII, no ano de 1509.

Catalina foi desterrada por seu marido, admitindo em sua companhia Ana Bolena, elevando ao Trono tão vil mulher, ocasião nefasta na qual se introduziu naquele Reino a heresia.

A virtuosa Rainha viveu em seu desterro por três anos depois do divórcio, deixando na memória seu sofrimento e virtude perpétua, através das Obras escritas em língua Latina: *Tratado de las lagrimas del Pescador; Meditacion sobre los Salmos.*

CATALINA, filha de Eduardo Infante de Portugal, foi muito versada nas línguas Grega e Latina, e também em Astrologia, Matemática e outras ciências; ela mesma afirma ter ensinado-as a seus filhos.[6]

CATALINA DEL ESPIRITU SANTO, portuguesa, freira da ordem de São Francisco em Lisboa. Escreveu em Português: *Fundação das Flamencas*, como é chamado um convento. Lisboa, 1627.

CATALINA ESTRELLA, natural de Salamanca, soube com perfeição as línguas Latina e Francesa.

---

6 Nicol. Ant. *Bibliothec. Hisp.* tom.2.

Foi considerada umas das doutas Mulheres de seu século.

CATALINA ORTIZ, natural de La Rioja, da Vila de San Vicente, teve tanto valor que quando quarenta homens entraram para assaltar sua casa, ela sozinha defendeu seu lar. Vendo os inimigos a coragem de Catalina, em afronta a seu esforço, valeram-se de armas de fogo para o triunfo. Mas Catalina deixou bem vingada sua morte, com o sangue de muitos Soldados. Os que ficaram não se atreveram a roubar a casa, seja por horror à vileza, ou por respeitar sua valentia.

CATALINA DE LA PAZ foi muito dedicada em compor versos Latinos, segundo informa o elogio sobre ela feito por Alfonso Garcia Matamoros.

CATALINA DE RIBERA, natural de Sevilha, descendente da ilustre casa dos Duques de Alcalá, dominava com tanta perfeição as línguas Grega e Latina que as falava como se fosse nativa.

CATALINA TRILLO, natural de Antequera, floresceu no século XVI; foi muito instruída em várias línguas, nas Belas Letras e em Direito Civil.

CECILIA DE ARELLANO, mulher de Francisco Romeu, da cidade de Zaragoza, falava com muita eloquência as línguas Portuguesa, Italiana, Francesa e, em particular, a Latina.[7]

CECILIA DE MORILLAS, mulher de Antonio Sobrino, falava com muita prontidão as línguas Latina, Grega, Francesa e Italiana. Aprendeu perfeitamente Gramática, Filosofia, Teologia Escolástica e Moral, e ela mesma ensinou aos filhos. Morreu em Valladolid, no ano de 1581, aos 42 anos de idade.[8]

CECILIA SOBRINO, filha de Antonio Sobrino, nasceu em Valladolid, no ano de 1570. Cultivou a clareza de seu engenho aplicando-se às Letras. Aprendeu Latim, Retórica, Filosofia, com dedicação especial a um estudo que fez para compreen-

---

7 Id.
8 Id.

der os mistérios das Divinas Letras. Recebeu o hábito no convento das Carmelitas Descalças de Valladolid, onde professou e morreu cheia de virtude, deixando a memória de sua erudição em *Canções* que escreveu. Nessa obra, explica com elegância a mística e amorosa união da alma com Deus, por meio da fé e caridade. Essas obras manuscritas estão conservadas no convento de sua profissão.

CHRISTOVALA, ou CHRISTOVALINA DE ALARCÓN, natural de Antequera, aprendeu a língua Latina de Juan Aquilario Rutense, Gramático, e compunha com muita perfeição vários versos e comédias, como demonstra o elogio que Lope de Vega faz a ela.

CONSTANCIA MENDEZ fez grandes progressos na língua Grega e Hebraica. Escreveu uma obra intitulada: *Rosa sin espinos, ó Maria Santísima concebida sin pecado original*.[9]

---

[9] Damian Florez Perym. *Teatro de mugeres ilustres.*

E

ELENA DE PAZ exercitou muito a Poesia, o que manifestou em muitas obras, algumas impressas, e outras que se conservaram manuscritas. Deixou também muitos elogios escritos na língua Latina, sobre diferentes assuntos, com os quais se pode formar um avultado volume.

ELENA PEREZ, em Monzon, praça situada na fronteira do Reino da Galícia, conduzia outras mulheres aos maiores perigos; algumas vezes lutando, outras acudindo aos reparos na muralha, curando os feridos e enterrando os mortos. Onde se encontravam essas valiosas mulheres – as quais o tempo sepultou com os nomes, a memória – não faziam falta os homens.

No primeiro dia do mês de fevereiro de 1659, o marquês de Vianna ordenou um assalto geral, sabendo que na praça não havia mais que quinhentos homens e muitos destes incapazes de tomar arma, pois o ferro e a fome os deixavam bem desfalecidos. Por muitas horas durou o combate, com obstinada resistência, mas a multidão foi cedendo à coragem dos poucos defensores. Não foi pouca a participação que Elena Perez e suas companheiras tiveram nessa vitória. Da muralha, atiraram pedras com muita violência, causando danos aos Galegos, sem temer as balas que choviam sobre a fortaleza. Assim ajudaram na conquista da vitória, com grande mortandade dos inimigos.

ELENA DE SILVA, freira da ordem de São Bernardo, do monastério de Celas, em Coimbra, escreveu em verso um livro intitulado: *A Paixão de Cristo nosso Senhor*.

F

FELICIANA HENRÍQUEZ DE GUZMÁN, natural de Sevilha, era dotada de um claríssimo engenho como demonstra a tragicomédia que escreveu, intitulada: *Los jardines y campos sabios, primeira y segunda parte*. Coimbra, 1624; Lisboa, 1627.

FRANCISCA DE GUZMÁN foi muito celebrada por Vicente Spinelo entre as mulheres ilustres de seu tempo.

FRANCISCA DE NEBRIXA, filha do célebre Antonio de Nebrixa, foi tão exercitada nas letras humanas que presidia a cátedra de Retórica na Universidade de Alcalá, na ausência de seu pai, segundo afirma Ribera.[10]

FRANCISCA DE LOS RÍOS, natural de Madri, traduziu do Latim ao Castelhano, aos 12 anos de idade, a seguinte obra: *Vida de la bienventurada Angela de Foligni*, publicada no ano de 1618.

G

GERONIMA MENDEZ, natural da cidade de Faro, no reino de Algarve, floresceu pelos anos de 1633, quando os Holandeses entraram no Rio Grande. Nessa guerra, seguiu o exército Real com seu marido. Mas tendo os Holandeses perdido uma batalha, entraram nas casas que escolhiam como de defesa para roubá-las. Em uma dessas ocasiões,

---

10 *Glorie delle donne illustri Lib.ult.art.433*. [Ribera, Pietro Paolo. *Le Glorie immortali de' trionfi et heroiche imprese d'ottocento quaranta cinque donne illustri, antiche e moderne, dotate di conditioni e scienze segnalate.*]

Geronima Mendez mostrou sua coragem e esforço, pois longe de abandonar sua casa, como todos fizeram, defendeu-a valorosamente, causando a morte do primeiro Holandês que tentou entrar. Assim, triunfando sobre os inimigos, salvou seus bens, enquanto via os estragos alheios.[11]

GERONIMA RIBOT, mulher de Dom Acacio de Ribellas, senhor de Alcudia, no Reino de Valença, foi excelente na inteligência das línguas Grega e Latina, instruída por Lorenzo Palmireno, que dela faz grande elogio.

GRACIA RODRIGUEZ foi uma das mulheres ilustres que no cerco de Diu, defendido pelo valoroso Capitão e Governador Dom Juan Mascarenhas, ajudaram na vitória contra as armas de Cambaia. Era Gracia Rodriguez daquele esquadrão valoroso que se empenhava nos reparos da muralha e, outras vezes, administrava os Soldados, correndo evidente perigo de vida, entre balas e pólvora.

---

11 Damian Florez Perym. *Teatro de mugeres ilustres.*

Houve uma ocasião em que impediu os Mouros de entrar, ajudando com seus braços na defesa, e conseguindo a vitória com seu esforço.

I

ISABEL, Rainha de Leão e Castela, foi filha de Dom João II, Rei de Leão e Castela, e Dona Isabel, Rainha de Portugal. Foi coroada como legítima sucessora dos Reinos de Leão e Castela, em Segóvia, no ano de 1474, depois da morte de Dom Henrique, seu irmão. Casou com o Católico Dom Fernando, Rei de Castela, e quinto desse nome. Foi tão valorosa e prudente que ao seu esforço, destreza, diligência e conselho se deve a vitória na guerra de Granada. Ajudava muito o Rei, seu marido, com seu perfeito proceder, desfazendo ofensas, prevendo perigos e reprimindo rebeldias. Assistia ao campo de batalha, e esteve na Guerra de Granada com suas damas, onde animava os Soldados e examinava com cuidado a maneira como lutavam. O Rei não determinava nada sem antes ter um parecer da Rainha. O curioso pode ver essa história de forma mais extensa em Antonio de Nebrixa, na vida de

Dom Fernando e Dona Isabel. E o erudito Padre Florez fala longamente dela no primeiro volume das Rainhas Católicas.

ISABEL CLARA EUGENIA DE ÁUSTRIA nasceu no ano de 1566, filha de Felipe II e de Dona Isabel de Bourbon, sua terceira Mulher. Desde o primeiro dia em que esse Rei se viu gravemente doente, determinou o casamento dela com o Arquiduque Alberto, seu sobrinho, o que ocorreu no dia 6 de maio de 1598, cedendo o Príncipe de Astúrias ao seu irmão os Países Baixos e os Estados gerais em 15 e 16 de agosto do mesmo ano.

Com o poder de seus Estados, começou Maurício de Nassau, príncipe de Orange, a perturbar o júbilo e regozijo com que os flamencos reconheceram aqueles Príncipes por Soberanos. O Arquiduque se opôs valentemente aos Holandeses e lhes tomou Oostende, depois de ter sofrido com obstinada resistência em um grande lugar. Não houve perigo em que Dona Isabel não tenha acompanhado seu marido. Meteren, historiador dos Holandeses, escreve que ela, por sua mão, fez fogo aos

Inimigos. Foi tão respeitada pelos Soldados que apenas ela pôde animá-los a socorrer Nieuwpoort, cercada pelos Holandeses, e pacificar as Tropas que estavam amotinadas pela falta dos soldos.

Seguiram-se tréguas com os Holandeses que duraram doze anos e terminaram no dia 9 de abril de 1621. Três meses depois de renovada a guerra, morreu o Arquiduque Alberto. Tal golpe feroz não foi suficiente para desanimar a Infanta, pois sendo de extraordinária valentia, resolveu resistir ao Inimigo. Nessas últimas guerras se fez conhecer bem a perseverança de seu valoroso ânimo nos felizes e adversos encontros da fortuna.

Empreendeu contra o Inimigo tão poderoso a conquista de Breda, até que conseguiu rendê-la no fim de março de 1625. Passou os últimos dias de sua vida na clausura.[12]

ISABEL CORREA mostrou seu grande engenho na Obra que compôs em Castelhano, intitulada: *El pastor fido*.

---

12 Id.

ISABEL DIAZ foi uma das heroínas que no cerco de Diu, do qual já falamos, ajudou com seus esforços a obter a vitória.

ISABEL FERNANDEZ, também no cerco de Diu, ajudou na defesa daquela praça, acudindo em todas as partes e animando os Soldados, a uns administrava armas e a outros, sustento.

ISABEL DE JOYA floresceu no século XVI e foi tão douta que se conta que predicou na Igreja de Barcelona com universal aplauso e admiração.

ISABEL MADEYRA foi a primeira que com seu valor e exemplo facilitou o desprezo pela vida na defesa de Diu. Era como a Capitã que todas obedeciam na administração de armas aos Soldados ou no reparo da muralha e dos baluartes. A ela se deveu grande parte da vitória por suas ações ilustres.

ISABEL DE RIBADENEIRA, dama da condessa de Galveias, foi muito celebrada por sua excelência na Poesia, em toda a Espanha, como refere Dona Maria de Zayas em suas novelas.

ISABEL DE ROSALES dominava tanto a Doutrina do sutil Duns Scot que, em Roma, houve Atos públicos com admiração e aplausos do Prelado, Padres-Professores e da flor dos Literatos daquela cidade. Floresceu no século XVI.[13]

ISABEL DE VAZ era uma mulher que ocupava o lugar de um Soldado na fronteira de Tânger. Foi de grande coragem, dando muitas vezes mostras na defesa daquela praça. Faleceu em uma saída que fizeram os Mouros, em março do ano de 1547, reinando então Felipe II, depois de deixar bem vingada sua morte.

J

JUANA BAUTISTA, natural de Valladolid, foi muito douta na Sagrada Escritura como demonstra nos livros que escreveu: *De la oración* e *De los tres enemigos del alma*.

JUANA CONTRERAS, natural de Segóvia, foi muito instruída na língua Latina, segundo se sabe

---

13 Id.

pelas cartas que escreveu a Lucio Marineo Sículo, que se encontram no livro catorze das epístolas desse célebre gramático.

JUANA INES DE LA CRUZ, religiosa da ordem de São Gerônimo, no México. Foi de sublime entendimento e erudição. Escreveu as seguintes obras:

Vieyra impugnado, um tomo em oitava.

Obras poéticas. Madri, 1690, dois tomos em quadras.

Fama y obras póstumas. Madri, 1700, um tomo em quadras.

JUANA DE MENEZES nasceu no dia 13 de setembro de 1651. Foi de grande e sutil engenho e muito versada na língua Francesa, Italiana e em Poesia, como demonstrou nas obras que publicou, intituladas:

Despertador del alma al sueño de la vida, em trezentas oitavas, em castelhano, que foi impressa sem seu nome.

Tradução do francês ao português do livro das *reflexões sobre a misericórdia de Deus, composto pela Madre Luisa da Misericórdia*.

Vida de San Agustin, con reflexiones.
Triunfo de las Mugeres.
Discursos academicos y problemas.
Cartas familiares, em língua portuguesa.
Poema heroico de Andrômeda e Perseu.
Comédia intitulada: *Divino imperio del amor.*
Outra: *Desden de razon vencido. Contienda del amor divino y humano; primera y segunda parte*, na forma de autos sacramentais.

Seis loas y romances, em castelhano.

Vários versos, em português. Versos franceses e italianos e traduções das mesmas línguas, os quais compreendem oito volumes.[14]

JULIANA DE CIBO, natural de Santo Estevão do Porto, se disfarçou de homem para ir buscar seu marido que se havia ausentado por ter causado uma morte. Depois de muitas diligências, sentou praça como Soldado e serviu na guerra de Granada contra os Mouros, portando-se com tanto valor que, quando seu verdadeiro sexo foi descoberto, o Rei

---

14 Damian Florez Perym. *Teatro de mugeres ilustres.*

Dom Fernando, o Católico, em atenção a seus serviços lhe concedeu uma renda, durante sua vida.[15]

JULIANA MORELL, natural de Barcelona, depois de ter permanecido, para a educação, no Convento de Religiosas de Santo Domingo, na mesma Cidade, deixou a clausura para se dedicar ao estudo das línguas, adiantando-se tanto em tão pouco tempo que tinha 12 anos de idade quando sabia falar, além de sua língua nativa, as línguas Castelhana, Francesa, Italiana, Latina, Grega e Hebraica. Quando Juliana começava a se dedicar ao estudo das ciências, deixou a Pátria e foi a Lyon, França, na companhia de seu pai.

Nesta Cidade aprendeu com perfeição Lógica, Física e Moral, defendendo Teses nessas ciências públicas que foram assistidas por Príncipes Seculares, Eclesiásticos, Doutores e Religiosos; os que vendo repetir e responder a autora com graça e prontidão, ficavam admirados por seu sexo, sua pouca idade e seu saber. Uns, elogiando o pai, ou-

---

15 Id.

tros encarecendo as qualidades da filha, afirmavam todos, sem excesso de elogios que parecesse adulação interessada, que não podia haver ação mais rara, nem ato mais lúcido.

Continuou Juliana a estudar Metafísica, como terceira e última parte da Filosofia. Depois passou à Jurisprudência e como se agregaram duas prendas, para o estudo dessa profundíssima ciência que exige grande memória e aplicação, saiu em pouco tempo muito versada em Direito Civil. E querendo seu pai que ela se graduasse em Leis, pois já tinha 14 anos, encontrou alguns obstáculos nessa pretensão. Mas resoluto em aumentar sua fortuna, sem reparar no incômodo de uma jornada, foi-se a Avignon. Divulgada a notícia pela cidade, uns a outros se convidavam para ver a nova Doutora.

Determinou-se o dia para o Concurso Literário no Palácio do Governador, no qual concorreram Professores e Doutores da faculdade, acompanhados de grande presença de todo tipo de pessoas. Depois do exame, muito rigoroso, deu-se o voto dos Doutores, que foi a favor de Juliana, o que deu a ela o grau de Doutora em Leis.

Encontrando-se já neste estado e vendo a frieza e crueldade de seu pai, que não deixava de maltratá-la, tomou o Hábito na religião de Santo Domingo, tempo no qual escreveu as seguintes obras:

Traduziu para o francês a *Forma del Examen que se ha de hacer à las Novicias, y advertencias particulares de este acto.*

Também traduziu e comentou a *Regla de Santo Agostinho*. Escreveu, ademais, as obras intituladas:

Retiro para los diez dias de exercicio, dividida em três partes: a primeira, *De la eternidade, del amor de Deus para con los hombres*; a segunda e terceira, *De la eternidad feliz e infeliz*.

Comentario sobre el tratado de la vida espiritual de São Vicente Ferrer. Obra repleta de erudição, extraída dos Santos Padres e doutores místicos. Escreveu muitos livros de devoção e, entre eles, *Hinos* de veneração a Nossa Senhora do Rosário.[16]

L

LEONOR DE MENESES, não tinha ainda 10 anos de idade quando já falava a língua Latina e a

---

16 Id.

Francesa, prescindindo da nativa. Foi muito inteligente na Filosofia, Aritmética, Música e Poesia. Escreveu uma novela em prosa e verso, intitulada: *O desdeñado más firme*, Lisboa, 1665.

LORENZA ZURITA, natural de Toledo, foi muito versada na Poesia e na língua Latina, na qual compôs muitos e excelentes versos.

LUCIA DE JESUS, natural de Madri, eternizou sua memória escrevendo ela mesma sua vida, em Castelhano.

LUCIA DE MEDRANO, natural de Salamanca, foi mulher de grande erudição e eloquência, segundo se demonstra na carta que escreveu a Lucio Marineo Sículo, e está copiada na *Bibliotheca* de Nicolás Antonio.[17]

LUCIANA DEL CASTILLO, natural de Ubeda, foi tão versada na Poesia como na Música.

---

17 Nicol. Ant. *Bibliothec. Hisp.* tom.2.

LUISA MAGDALENA, condessa de Paredes, escreveu uma obra intitulada: *El año santo, ó meditaciones para todos los dias en la mañana, tarde, y noche, sobre los mysterios de la vida de Christo nuestro Senhor, y de su Passión*. Madri, 1658, em quadras.[18]

LUISA DE PADILLA foi mulher de Dom Antonio Ximenez de Urea, conde de Aranda, deu mostras de sua virtude e erudição nas seguintes obras:

Lágrimas de la nobleza e *Nobleza virtuosa*. Zaragoza, 1637. Três tomos em oitava.

Elogios de la verdad y invectiva contra la mentira. Zaragoza, 1640.

Excelencias de la castidad. Zaragoza, 1642.

LUISA SYGEA, natural de Toledo, foi muito versada nas línguas Latina, Grega, Hebraica e Árabe, segundo demonstram as cartas que escreveu ao Pontífice Paulo III naquelas línguas. Ele admirou

---

18 Alphons. de Madrid, et Joan. Vasaeus. *Chronici rerum memorabilium Hispaniae*, cap.9. [Vasaeus, Johannes. *Chronici rerum memorabilium Hispaniae*. Madri: excudebat Ioannes Iunta.]

tanta erudição, encontrada em poucos homens. Escreveu também as seguintes obras:

Epístolas latinas 33, dirigida a diferentes pessoas.
Dialogum de differentia vite rusticae, et urbanae.

E outros tratados de Poesia. Também compôs, no ano de 1596, um poema latino dedicado a Dona Maria, infanta de Portugal, e o intitulou: *Cintra*, o nome de uma cidade portuguesa, distante cinco léguas de Lisboa.

M

MADALENA DE BOBADILLA foi tão versada na língua Latina que falava com a mesma profundidade que falava a nativa.

MAGDALENA GERONYMO DE SAN JERÓNIMO publicou a seguinte obra: *Razon y forma de la galera y casa Real, que el Rey, Nuestro Senor, manda hacer en nuestros reinos, para castigo de las mujeres vacantes*. 1608.

MARGARITA DE NOROÑA, freira do Monastério da Anunciação da Ordem de São Francisco, em Lisboa, escreveu em Português:

Discursos espirituais.[19]

Vida de la infanta doña Sancha Alfonso, em Castelhano; essa obra foi impressa no fim de um livro intitulado *Convento espiritual*, escrito por uma freira capuchinha de Granada, Lisboa, 1626.

Traduziu também para o português *A regra de sua ordem*.

MARIA BAUTISTA, portuguesa, freira do monastério de São Salvador, em Lisboa, escreveu em português a *História desse monastério*.

Vida de S. Joseph, um tratado do rosário e várias devoções.

MARÍA BAZAN, comendadora do convento da Ordem de Santiago, na cidade de Toledo, escreveu *Vida de la infanta doña Sancha Alfonso*, comendadora de Santiago. Madri, 1651. Em quadras.

MARIA CAMPOREDONDO, natural de Almagro, escreveu: *Tratado Philosophico, Poetico*.

---

19 Nicol. Ant. *Bibliothec. Hisp.* tom.2.

MARIA DE CARAVAIAL Y SAAVEDRA, natural de Granada, deu à luz uma obra intitulada: *Natividades de Madrid y noches entretenidas, en ocho Novelas*. Madri, 1633. Em quadras.

MARÍA CATALINA DE CASO, por seu saber, virtude e prudência, é a admiração desse século que floresce. Nasceu em Flandres, embora tenha origem nas Astúrias, pois à casualidade deve ser atribuído seu nascimento fora desse Reino, por encontrar seu pai no Real serviço dos Católicos Monarcas. Não há eloquência suficiente para ponderar sobre as qualidades extraordinárias dessa ilustre Senhora a quem a juventude Espanhola deve sua educação e um método pelo qual pode chegar mais facilmente ao conhecimento das ciências, graças à obra que traduziu do Francês para o Castelhano, intitulada: *Modo de enseñar, y estudiar las bellas letras*, composto por M. Rollin. Madri 1757. Quatro tomos em quadras.

MARIA DE ESTRADA foi mulher de Pedro Farfán, Soldado, que lutou sob o comando de Fernão Cortês na conquista da Nova Espanha. Ela acompanhou nessa guerra seu marido e admirou a muitos que a viam lutar e triunfar valorosamente sobre os Inimigos. Houve batalha em que foi vista a cavalo com uma lança, igualando-se em valentia ao Soldado mais valoroso e hábil na arte militar.

MARIA MAGDALENA, freira do monastério da Mão de Deus, em Lisboa. Escreveu em português: *Vida de São João Evangelista*. Lisboa, 1628, em oitavas.

MARIA DE MENDOZA, condessa de Santo Estevão do Porto, foi mulher de tanto valor e governo que entendia dos negócios de guerra, provendo gente e comandando-as. Nas batalhas, seu esforço e valor foram admirados.

MARIA DE MEZQUITA PIMENTEL, religiosa de São Bento, escreveu uma obra intitulada: *Infância de Cristo e triunfo do amor divino*. Lisboa, 1639. Em oitavas.

MARÍA DE MONROY, natural de Salamanca, sabendo que em Portugal haviam morrido dois filhos seus, entrou nesse Reino em traje de homem e bem-armada, buscando os assassinos, conseguiu encontrá-los e lutar com ambos, até deixar vingada a morte dos filhos com a dos agressores, cujas cabeças ela colocou sobre o sepulcro dos filhos como troféus de ira e alívio da vingança.

MARIA DE MONTANO, mulher de grande valor. Por volta de 1541, quando o exército da Espanha estava a conquistar Argel, no reinado de Carlos V, ela se encontrava na comitiva da bagagem que os Mouros assaltaram com quinhentos Cavalos. A valente Maria de Montano, preferindo o perigo da morte que a desgraça do cativeiro, repartiu as armas que levavam nos Camelos entre os trezentos homens que iam com a bagagem. Defendeu-se valorosamente, tomando o ofício de Capitã e de Soldado, até que foi socorrida. Por essa corajosa ação ganhou fama de valente e recompensa de Soldado, e, aqui, memória de ilustre.

MARIA NIETO DE ARAGÓN escreveu em versos a seguinte obra: *Epitalamio a las felicisimas bodas del Rey Phelipe V con Doña Mariana de Austria*.

MARIA PITA, natural da Galícia, alistou-se em ações militares na região de Coruña quando os Ingleses apareceram, em 1589. Estavam capitulando e entregando a praça, estando os Ingleses alojados em uma gruta, em sua guarnição, quando Maria Pita, repreendendo o Governador e expondo a covardia de nossos Soldados, tomou uma espada e disse com ânimo alentado: "Siga-me o que tenha honra". E atirando-se na gruta foi seguida por Camponeses e Soldados que, com seu exemplo, se lançaram ao Inimigo com tanta coragem que muitos dos Ingleses perderam a vida e todos se desampararam. Vitória que se deveu somente a essa mulher.[20]

MARIA SABIOTE MALDONADO, natural de Úbeda, soube com tal perfeição as línguas Grega e Latina que falava com a mesma facilidade de uma nativa.

MARIA TELLEZ, freira da Ordem de São Francisco no monastério de Tordesilhas, traduziu do Latim ao Castelhano a Obra de Ludolpho Cartu-

---

20 Damian Florez Perym. *Teatro de mugeres ilustres*.

siano intitulada: *Pasión de nuestro Señor Jesu-Christo*. Valladolid, 1539. Em quadras.

MARIA DE ZAYAS SOTO-MAYOR, natural da Vila de Madri, viveu naquele século que floresceram na Espanha os maiores Poetas, os quais lhe deram no Parnaso o título de décima Musa. Em todos os concursos e academias de seu tempo se viram Obras desta ilustre mulher com estimação e aplauso. Compôs uma Comédia[21] e criou as seguintes obras: *Novelas amorosas, y exemplares*. Zaragoza, 1638. Em oitavas, *Novelas, y saraos*. Zaragoza, 1647.[22]

MENCIA DE MENDOZA, filha de Rodrigo de Mendoza, marquês de Zenete, fez grandes progressos na Filosofia e nas línguas Grega e Latina.[23]

O

OLIVA SABUCO DE NANTES, natural de Alcaraz, foi de sublime penetração e de elevada

---

21 Id.
22 Nicol. Ant. *Bibliothec. Hisp.* tom.2.
23 Id.

inspiração em matérias físicas, médicas, morais e políticas, como se demonstra na obra que escreveu, intitulada: *A verdadeira medicina*.

O que mais ilustrou essa célebre mulher foi seu novo sistema Filosófico e Médico, onde contra todos os antigos estabeleceu que não é o sangue que nutre nosso corpo, senão o suco branco derramado do cérebro por todos os nervos e atribuiu aos vícios desse vital líquido quase todas as doenças. Também essa mulher, antes de René Descartes, foi da opinião de que o cérebro constitui o único domicílio da alma racional, ainda que a estendesse a toda substância e não precisamente à glândula pineal como Descartes. Floresceu em tempo de Felipe II.[24]

HORTÊNCIA DE CASTRO, natural de Vila Viçosa, foi a Coimbra na companhia de dois irmãos que frequentavam aquela Universidade e disfarçada de uniforme de estudante cursou aulas de Gramática e Filosofia com tanto desvelo e aplicação que

---

24 Damian Florez Perym. *Teatro de mugeres ilustres*. Feijoo. *Theatr. Critic.* tom.I. *Defensa de las Mugeres*.

saiu perfeita em Latinidade, em Retórica, Lógica e Metafísica. Estudou também Teologia, conservando sempre oculto seu sexo. Os Príncipes reinantes fizeram grandes mercês e honras a ela, vendo-a defender e pronunciar Teses nessas ciências.

Compôs nove *salmos* imitando os de Davi, em que este Santo Profeta roga a Deus pela saúde e retorno de Eduardo, que havia ido à expedição na África.

Traduziu ela mesma, depois, esses *salmos* em português para as Senhoras Damas do Palácio, que ignoravam a língua Latina.

P

PAULA VINCENCIO, portuguesa, escreveu uma comédia em português intitulada: *O cerco a Deus*.

S

SANCHA DE VALENZUELA, ilustre pelo nascimento e ações militares. Acompanhou à Cidade de Baeza Dom Diego Fernández de Córdoba, Marechal, e outros parentes a quem Dona Isabel encomendava a defesa. Em 8 de Abril de 1477, querendo os Camponeses darem entrada a muitos fidalgos do partido contrário, Dona Sancha se opôs com os parentes e se portou com tanta coragem no combate que impôs uma vergonhosa fuga a seus opositores.[25]

T

TERESA GUERRA, natural da Vila de Osuna, foi muito versada na Poesia, segundo publica em sua obra intitulada: *Obras Poéticas*. Madri, 1725. Em oitavas.

V

VALENTINA PINELO, natural de Sevilha e freira do monastério de São Leandro, naquela cidade. Escreveu *Libro de las alabanzas y excelencias de la gloriosa Santa Ana*. Sevilha, 1601. Em quadras.

Adição à letra M
MARIA ALDERETE, marquesa da Rosa do Monte, residente em Madri. Além das raras e sin-

---
25 Damian Florez Perym. *Teatro de mugeres ilustres*.

gulares qualidades que adornam o conjunto desta nobre Senhora, sua rara erudição a faz merecedora de que seu nome fique rubricado nos Anais dos séculos. É uma Poetisa singular, muito versada nas línguas Latina, Grega, Italiana e Francesa; muito instruída em Retórica, Mitologia e Filosofia. Sua erudição nas línguas e sua imitação dos mais difíceis e mais perfeitos modelos da língua Latina ficam claramente demonstrados em dois *Idílios* que compôs com 13 anos de idade. E vi MSS do qual se percebe que manejou como o melhor latino Virgílio, com várias outras poesias que correm MMS e muito cobiçadas pelos curiosos. Deixo a mais bem-cortada pluma o elogio a essa nobre senhora, pois não posso eu com a minha medir seu imponderável merecimento. E já que minhas forças não podem alcançar meus desejos, fico com esse breve alívio de minha vontade.

MARIA DEL ROSARIO DE ZEPEDA, filha de um cavalheiro Regedor, da cidade de Cádiz, acaba de receber um Ato público naquela cidade em que discursou em Grego, Latim, Italiano, Francês e

Castelhano, dando exata razão de suas respectivas Gramáticas e respondendo a mais de trezentas perguntas que fizeram sobre diferentes casos da História. Recitou uma ode de Anacreonte, traduziu uma Fábula de Esopo e prosseguiu no outro dia explicando os elementos de Euclides; assim mostrou seu claro entendimento e singular engenho, tendo apenas a idade de 12 anos e meio. Ao pai se deve os maiores elogios e felicitações, por ter dado ao Céu tal filha, e esta por ter conseguido tal pai, a quem com propriedade podemos dedicar aquele verso de Virgílio: *semper honos nomenque tuum laudesque manebunt.*[26]

FIM

---

[26] Do latim: "Tua glória, teu nome e tuas conquistas viverão para sempre". (N. E.)

SOBRE O LIVRO

Formato: 11,5 x 18 cm
Mancha: 19,6 x 38 paicas
Tipologia: Adobe Jenson Regular 13/17
Papel: Off-white 80 g/m² (miolo)
Couché 120 g/m² encartonado (capa)
1ª *edição*: 2012

EQUIPE DE REALIZAÇÃO

Assistência Editorial
Alberto Bononi

Edição de textos
Dalila Pinheiro (*copidesque*)
Fred Ventura (*preparação*)
Vivian Miwa Matsushita (*revisão*)

Diagramação
Vicente Pimenta

Capa
Andrea Yanaguita

Ilustração
Cícero Soares

Cromosete
Gráfica e editora ltda.
Impressão e acabamento
Rua Uhland, 307
Vila Ema-Cep 03283-000
São Paulo - SP
Tel/Fax: 011 2154-1176
adm@cromosete.com.br